...stisches Bundesamt

Im Blickpunkt:

Ausländische Bevölkerung in Deutschland

METZLER POESCHEL

Die Deutsche Bibliothek - CIP-Einheitsaufnahme

Im Blickpunkt: Ausländische Bevölkerung in Deutschland /
Statistisches Bundesamt. - Stuttgart : Metzler-Poeschel, 1995

   ISBN 3-8246-0459-0

NE: Deutschland / Statistisches Bundesamt ; Ausländische Bevölkerung in Deutschland

Herausgeber:
Statistisches Bundesamt, Wiesbaden, Gustav-Stresemann-Ring 11

Informationen:
Statistisches Bundesamt
Allgemeiner Auskunftsdienst
65180 Wiesbaden
Telefon: 06 11 / 75 24 05
Telefax: 06 11 / 72 40 00

Verlag:
Metzler-Poeschel, Stuttgart

Verlagsauslieferung:
Hermann Leins GmbH & Co. KG
Postfach 11 52
72125 Kusterdingen
Telefon: 0 70 71 / 93 53 50
Telefax: 0 70 71 / 3 36 53

Erschienen im September 1995
Preis: DM 22,80
Bestellnummer 1021202-95900
ISBN 3-8246-0459-0

© Statistisches Bundesamt, Wiesbaden 1995

Fotorechte:
Bavaria Bildagentur, Gauting bei München; Deutsche Presseagentur; Evangelischer Pressedienst; Werner Bachmeier, Vaterstetten
Einzelnachweise siehe S. 140

Zum Geleit

*Cornelia Schmalz-Jacobsen, MdB,
Beauftragte der Bundesregierung
für die Belange der Ausländer*

„Ausländer ist jeder, der nicht Deutscher im Sinne des Artikels 116 des Grundgesetzes ist", so steht gleich zu Beginn des Ausländergesetzes zu lesen. Unter diese Definition fallen im heutigen Sprachgebrauch Menschen, die vor zwanzig oder dreißig Jahren nach Deutschland gekommen, hier geboren oder aufgewachsen sind, ebenso wie Menschen, die sich zum Beispiel als Flüchtlinge erst kurze Zeit in der Bundesrepublik befinden, Unionsbürger ebenso wie sogenannte Drittstaater. Mit anderen Worten: *den* Ausländer gibt es nicht.

Unterschiedliche Herkunft, unterschiedliche Rechtsstellung, unterschiedliche Aufenthaltszeiten, unterschiedliche Ausbildung und vieles andere mehr führen zwangsläufig zu unterschiedlichen Lebensbedingungen und unterschiedlichen Lebensperspektiven. Es gehört zu den Vorzügen dieser Veröffentlichung des Statistischen Bundesamtes, daß die in ihr enthaltenen Zahlen und Tabellen, neben dem reinen Informationswert, auch den wichtigen Aspekt der hohen Differenziertheit der ausländischen Wohnbevölkerung deutlich vor Augen führen.

Diese Differenziertheit ist ja gerade der Grund dafür, daß Ausländerpolitik nicht nur dem Laien mitunter so kompliziert und unübersichtlich erscheint. Verläßliches und übersichtlich aufbereitetes Zahlenmaterial ist hier die erste Grundlage für alle, die sich mit diesem Politikbereich befassen. Und gerade weil ohne eine solche Grundlage weder politisches Verständnis noch politisches Handeln möglich ist, ist nicht Kritiklosigkeit, sondern der bewußt kritische Umgang mit diesen Zahlen notwendig.

In der Ausländerpolitik behindern oder bestimmen nach wie vor zu viele Vorurteile die Diskussion. Gegen Vorurteile können jedoch nur Information und Aufklärung helfen, wie sie auch die vorliegende Ausgabe der Reihe „Im Blickpunkt" des Statistischen Bundesamtes anbietet. Auch in ihr steht zwischen den Zeilen immer wieder zu lesen: Ausländer in Deutschland haben längst aufgehört, lediglich Gäste zu sein. Sie sind in ihrer überwiegenden Mehrheit ein integraler Bestandteil der bundesdeutschen Bevölkerung.

Vorwort

Die ausländische Bevölkerung in Deutschland ist in den vergangenen Jahren zunehmend zum politischen Thema geworden. Wie entwickelt sich die Zahl der Asylbewerber? Versteht sich Deutschland als Einwanderungsland? Für wen soll eine doppelte Staatsbürgerschaft gelten? Was kann das Wahlrecht für Ausländer bewirken? Diese und ähnliche Fragen werden in der Politik und in der Öffentlichkeit kontrovers diskutiert. Zu einer sachlichen Diskussion und fundierten Meinungsbildung kann die amtliche Statistik wichtige Informationen beitragen.

In Deutschland haben stets Ausländerinnen und Ausländer gelebt. Im Deutschen Reich waren es 1910 bereits fast 1,3 Millionen; sie stammten überwiegend aus den angrenzenden Nachbarstaaten, so vor allem aus Österreich, aber auch aus den Niederlanden, aus Rußland und aus Italien. Heute besitzen rund 8,5 Prozent der Einwohner Deutschlands den Paß eines anderen Staates. Derzeit bilden Männer und Frauen aus der Türkei die größte ausländische Nationalitätengruppe, gefolgt von Menschen aus dem ehemaligen Jugoslawien und aus Italien. Sie sind zumeist Arbeitnehmerinnen und Arbeitnehmer, die von deutschen Firmen in den sechziger Jahren im Ausland angeworben wurden, sowie deren Familienangehörige, Bürgerkriegsflüchtlinge, politisch Verfolgte und junge Menschen, die in Deutschland eine Ausbildung oder ein Studium absolvieren.

Unter dem Begriff „ausländische Bevölkerung", das zeigen die Daten der amtlichen Statistik deutlich, ist eine heterogene Gruppe zu verstehen, angefangen beim Universitätsprofessor oder der Ärztin über den Inhaber eines Eissalons bis zur Fabrikarbeiterin. Sie setzt sich zusammen aus Menschen mit einer Vielzahl individueller Lebensläufe, wie die deutsche Bevölkerung auch. Sie ist keine homogene Gruppe, da sie verschiedene Nationalitäten repräsentiert und somit auch unterschiedliche Traditionen pflegt. Eine große Zahl der Ausländerinnen und Ausländer wohnt und arbeitet bereits seit vielen Jahren hier. Nicht wenige leben bereits in der dritten Generation in Deutschland, das heißt, schon ihre Eltern sind als Kinder von „Gastarbeitern" hier aufgewachsen. Auch die Zahl der deutsch-ausländischen Familiengründungen nimmt zu.

Einerseits läßt sich eine stattfindende oder vollzogene Integration feststellen, auf der anderen Seite aber sticht auch die relativ schwierigere Situation von Ausländerinnen und Ausländern auf dem Arbeitsmarkt oder im Bildungsbereich hervor, die auf noch bestehende Integrationsdefizite hinweist. Beide Tendenzen spiegeln die in diesem Band enthaltenen Zahlen wider.

Für die Veröffentlichung „Im Blickpunkt: Ausländische Bevölkerung in Deutschland" wurden Daten des Ausländerzentralregisters (AZR) ausgewertet, Ergebnisse des Mikrozensus aufbereitet sowie zahlreiche weitere Statistiken, die Daten für Ausländerinnen und Ausländer ausweisen, berücksichtigt. Daher sind im vorliegenden Band nicht nur Informationen zu demographischen und Familienstrukturen sowie grenzüberschreitenden Wanderungen enthalten, sondern auch Angaben über Wohnverhältnisse, Bildungsstruktur, Erwerbstätigkeit, Sozialhilfe, Strafverfolgung, Schwerbehinderte, Einbürgerungen und Asylsuchende.

Die Daten der amtlichen Statistik geben umfassende, aktuelle Informationen, sie zeigen auf der Grundlage von Objektivität und Neutralität bestehende Tendenzen und Strukturen auf. Damit können sie zu einer an der Realität orientierten Meinungsbildung bei komplizierten Fragestellungen am besten beitragen.

Der Präsident des Statistischen Bundesamtes

Hans Günther Merk

Inhalt

Allgemeine Vorbemerkungen

Gebietsstand

Deutschland:

Angaben für die Bundesrepublik Deutschland nach dem Gebietsstand seit dem 3.10.1990.

Früheres Bundesgebiet:

Angaben für die Bundesrepublik Deutschland nach dem Gebietsstand bis zum 3.10.1990; sie schließen Berlin-West ein.

Neue Länder und Berlin-Ost:

Angaben für die Länder Brandenburg, Mecklenburg-Vorpommern, Sachsen, Sachsen-Anhalt, Thüringen sowie Berlin-Ost.

Zeichenerklärung

0 = weniger als die Hälfte von 1 in der letzten besetzten Stelle, jedoch mehr als nichts

- = nichts vorhanden

/ = keine Angabe, da Zahlenwert nicht sicher genug

. = Zahlenwert unbekannt oder geheimzuhalten

x = Tabellenfach gesperrt, weil Aussage nicht sinnvoll

( ) = Aussagewert eingeschränkt, da der Zahlenwert statistisch relativ unsicher ist

Auf- und Abrundungen

Im allgemeinen ist ohne Rücksicht auf die Endsumme auf- bzw. abgerundet worden. Deshalb können sich bei der Summierung von Einzelangaben geringfügige Abweichungen in der Endsumme ergeben.

Einführung: Statistische Daten über die ausländische Bevölkerung

Die Analyse der demographischen, sozialen und wirtschaftlichen Situation der Ausländerinnen und Ausländer in Deutschland setzt das Vorhandensein umfangreicher statistischer Unterlagen voraus. Die amtliche Statistik weist deshalb seit vielen Jahren und verstärkt seit 1970 im Rahmen der Bevölkerungsstatistik (Volkszählungen, laufende Bevölkerungsstatistiken, Mikrozensus) nicht nur Daten für die Gesamtbevölkerung, sondern auch getrennte Daten für die deutsche und ausländische Bevölkerung nach. Gesonderte Angaben für ausländische Bürgerinnen und Bürger stehen ferner aus verschiedenen Wirtschafts-, Sozial- und Kulturstatistiken zur Verfügung. Über die Bevölkerungsstatistik hinausgehend wurden daher in diesem Band auch Ergebnisse aufgenommen aus der letzten Gebäude- und Wohnungsstichprobe (Wohnverhältnisse der ausländischen Bevölkerung) und der Statistik des Bildungswesens (ausländische Schülerinnen und Schüler sowie Studierende). Ferner wurden Zahlen aus den Erhebungen des Bauhauptgewerbes (ausländische Beschäftigte), der Sozialhilfestatistik (ausländische Empfängerinnen und Empfänger von Sozialhilfe) sowie Angaben aus der Strafverfolgungsstatistik über die von den Strafgerichten verurteilten ausländischen Straffälligen berücksichtigt. Die vorliegende Veröffentlichung enthält außerdem Ergebnisse der Einbürgerungsstatistik (Eingebürgerte nach ihrer früheren Staatsangehörigkeit).

In der ersten Zeit nach dem Zweiten Weltkrieg wurden die ausländischen Staatsangehörigen in einer speziellen Ausländerstatistik nachgewiesen, die allerdings ab 1955 nicht fortgeführt wurde. Zahlen wurden dann erst wieder im Rahmen der Volkszählung 1961 ermittelt. Zwischen 1967 und 1971 standen statistische Daten aus Karteiauszählungen zur Verfügung, die die Ausländerbehörden nach der Allgemeinen Verwaltungsvorschrift zur Ausführung des Ausländergesetzes vom 07.07.1967[1] sowie aufgrund einer Vereinbarung zwischen dem Bundesminister des Innern und den Innenministern bzw. -senatoren der Länder in den Jahren 1967 - 1970 (jeweils zum 30.09.) sowie zum 31.12.1971 vorzunehmen hatten. Die so ermittelten Zahlen sind vom Statistischen Bundesamt zum Bundesergebnis konzentriert und regelmäßig veröffentlicht worden. Speziell für historisch interessierte Leserinnen und Leser enthält diese Veröffentlichung Angaben über die Entwicklung der Zahl der Ausländerinnen und Ausländer in Deutschland und ihres Anteils an der Bevölkerung seit 1871.

Seit 1972 wird die Ausländerstatistik nicht mehr anhand der Meldungen der örtlichen Ausländerbehörden, sondern in einer erweiterten, aber nach wie vor hauptsächlich auf die Bedürfnisse der Verwaltung zugeschnittenen Form durch eine maschinelle Auszählung des beim Bundesverwaltungsamt geführten Ausländerzentralregisters (AZR) erstellt. Diese Umstellung gab der amtlichen Statistik die Möglichkeit, statistisch relevante Daten (Geburtsdatum, Geschlecht, Staatsangehörigkeit, Familienstand, Aufenthaltsdauer und Aufenthaltsstatus sowie regionale Zuordnung) zu gewinnen und damit ihr Informationsangebot zu erweitern. Die wichtigsten Ergebnisse der zum 31.12.1993 durchgeführten Auszählung des AZR sind in der vorliegenden Veröffentlichung enthalten[2].

---

1) Gemeinsames Ministerialblatt (GMBl.) S. 231.
2) Ausführliches Zahlenmaterial enthält die in der Fachserie 1, Bevölkerung und Erwerbstätigkeit, Reihe 2, erschienene Veröffentlichung „Ausländer 1993".

Um möglichst schnell Ergebnisse über die Entwicklung und Struktur der im Bundesgebiet lebenden ausländischen Bevölkerung zu erhalten, erfolgt die Bereitstellung des Datenmaterials für die Auszählung unmittelbar nach dem Stichtag 31.12. eines Jahres. Für die Auszählung können daher nur die ausländischen Bürgerinnen und Bürger, deren Daten am Stichtag in der Hauptdatei des Registers enthalten waren, berücksichtigt werden. Insbesondere bei Fortzugsmeldungen treten Verzögerungen dadurch auf, daß Fortzüge oft erst mit erheblicher Verspätung den Ausländerbehörden bekannt werden, wenn die vorgeschriebene Abmeldung unterlassen wird. Gleichwohl kann aus der Dateiauszählung eine hinreichend genaue Vorstellung über Höhe und Veränderungen der Zahl der Ausländerinnen und Ausländer in Deutschland gewonnen werden.

Dies gilt jedoch nicht hinsichtlich einer Aufgliederung der ausländischen Bevölkerung nach Alter und Familienstand und teilweise auch nicht hinsichtlich ihrer Verteilung auf die kreisfreien Städte und Landkreise. So weist das AZR beispielsweise einerseits eine – z.T. erhebliche – Untererfassung der Kinder und Jugendlichen und andererseits tendenziell eine Übererfassung der Personen mittleren und höheren Alters auf. Von einer Verwendung nach Alter und Familienstand gegliederter Zahlen (auch in Kombination mit der Staatsangehörigkeit) aus dem AZR wurde daher abgesehen. Ersatzweise wurden in diesem Band Strukturdaten über den Altersaufbau der ausländischen Bevölkerung und – zu Vergleichszwecken – entsprechende Angaben für die deutsche Bevölkerung aus der amtlichen Fortschreibung des Bevölkerungsstandes aufgenommen.

Wegen der erheblichen Abweichungen des AZR vom Ergebnis der am 25. Mai 1987 durchgeführten Volkszählung war eine Anpassung der Registerdaten an die Ergebnisse dieser Zählung erforderlich. Dies geschah im Prinzip in der Form, daß das jeweils ermittelte Auszählungsergebnis um die zum Volkszählungsstichtag festgestellte Differenz vermindert wurde. Gleichzeitig erfolgte 1989 eine Korrektur des Registers, wodurch sich die zum Stichtag der Volkszählung festgestellte Überhöhung der Zahlen des AZR allmählich abbaute. Die Ergebnisse der Registerbereinigung wurden daher bei der Anpassung der Zahlen mit berücksichtigt. Ab Berichtsjahr 1990 war eine Bereinigung der durch Auszählung des AZR ermittelten Zahlen nicht mehr erforderlich, da der Registerfehler bis auf eine zu vernachlässigende Restgröße minimiert worden war.

Die Angaben über Ausländerinnen und Ausländer nach ihrer Nationalität beziehen sich auf die Staatsangehörigkeit, unter der sie am Auszählungsstichtag im AZR geführt wurden, und entsprechen damit hinsichtlich der Personen aus neu gebildeten Staaten (z.B. auf dem Gebiet des ehemaligen Jugoslawiens) nicht immer den tatsächlichen staatsangehörigkeitsrechtlichen Verhältnissen. So können sich beispielsweise unter den Bürgerinnen und Bürgern mit jugoslawischer Staatsangehörigkeit auch Personen befinden, die inzwischen die kroatische oder slowenische Staatsangehörigkeit besitzen. Eine den tatsächlichen Verhältnissen im Einzelfall entsprechende Änderung der Staatsangehörigkeit kann im AZR jedoch nur dann vorgenommen werden, wenn sie der Registerbehörde bekannt wird.

Neben den Ergebnissen der speziellen Ausländerstatistik sind in diesem Band Zahlen über Ausländerinnen und Ausländer aus verschiedenen Arbeitsgebieten der Bundesstatistik zusammengestellt worden. Nachgewiesen werden ferner Daten der Bundesanstalt für Arbeit über ausländische Arbeitnehmerinnen und Arbeitnehmer sowie Zahlen des Bundesamtes für die Anerkennung ausländischer Flüchtlinge über Asylanträge und Asylberechtigte.

1 Die ausländische Bevölkerung in Zahlen

1 Die ausländische Bevölkerung in Zahlen

1.1 Entwicklung der ausländischen Bevölkerung

Am 1.12.1871 lebten im Deutschen Reich rund 207 000 Menschen mit ausländischer Staatsangehörigkeit; das waren 0,5 % aller Einwohner. Als Folge der starken Zunahme des zwischenstaatlichen Verkehrs stieg die Zahl der Ausländerinnen und Ausländer jedoch ständig an. Bei der Volkszählung vom 1.12.1910 gaben fast 1,3 Mill. oder 2 % aller Einwohner des Deutschen Reichs an, nicht die deutsche Staatsangehörigkeit zu besitzen. Der 1. Weltkrieg unterbrach diese Entwicklung. Die Nachkriegsverhältnisse, insbesondere die ungünstige Wirtschafts- und Arbeitsmarktlage, führten zu einem Rückgang der Zahl ausländischer Einwohner auf zunächst 957 000 im Juni 1925 und schließlich auf 757 000 im Juni 1933. Der Anteil ausländischer Staatsangehöriger an der Gesamtbevölkerung des Deutschen Reichs verringerte sich im gleichen Zeitraum von 1,5 auf 1,2 %.

Anfang Oktober 1951 lebten 506 000 Ausländerinnen und Ausländer im früheren Bundesgebiet, ihr Anteil an der Gesamtbevölkerung betrug 1 %. Der 1950 im früheren Bundesgebiet einsetzende wirtschaftliche Aufschwung führte zu einem ständig wachsenden Bedarf an Arbeitskräften, der bis 1961 größtenteils durch die Aufnahme von Deutschen aus der ehemaligen DDR und Berlin (Ost) gedeckt werden konnte. Von diesem Zeitpunkt an kam der Beschäftigung ausländischer Arbeitnehmerinnen und Arbeitnehmer eine immer größere Bedeutung zu. Die Einreise in das frühere Bundesgebiet zur Arbeitsaufnahme, der Nachzug von Familienangehörigen und der hohe Geburtenüberschuß der ausländischen Bevölkerung im früheren Bundesgebiet führten innerhalb eines Jahrzehnts zu einem Anstieg der Zahl der ausländischen Bürgerinnen und Bürger von 686 000 (1961) um nahezu 2,8 Mill. auf 3,4 Mill. (1971). Ihr Anteil an der Gesamtbevölkerung erhöhte sich im gleichen Zeitraum von 1,2 auf 5,6 %. Durch den 1973 erlassenen Anwerbestopp wurde einerseits die Einreise in das Bundesgebiet zum Zwecke der Arbeitsaufnahme weitgehend unterbunden – das war die Hauptursache für den Rückgang in den Jahren 1975/77 –, andererseits jedoch die Familienzusammenführung gefördert. Hinzu kam die verstärkte Einreise von Asylsuchenden in den Jahren 1979/80. Im September 1982 lebten rund 4,7 Mill. Ausländerinnen und Ausländer in Deutschland. Hatte 1971 jeder 18. Einwohner im früheren Bundesgebiet eine andere als die deutsche Staatsangehörigkeit besessen, so war es 1982 bereits jeder 13.

1983 ging die Zahl der Ausländerinnen und Ausländer erstmals seit 1978 wieder zurück. Die Ursachen hierfür waren eine beachtliche Verringerung des Ausmaßes von Familienzusammenführungen sowie eine deutliche Abnahme der Zahl der Asylsuchenden. Als Folge des Rückkehrhilfegesetzes und des dadurch ausgelösten starken Anstiegs der Fortzüge nahm die Zahl der in Deutschland lebenden Ausländerinnen und Ausländer 1984 weiter ab. 1985 nahm die ausländische Bevölkerung im früheren Bundesgebiet – bedingt durch eine erstmals wieder positive Wanderungsbilanz – leicht zu, was sich 1986 verstärkte.

In der Folgezeit bewirkten die hohen Zuzugszahlen, die hauptsächlich durch den bis Mitte 1993 anhaltenden Anstieg der Zahl der Asylsuchenden bedingt waren, Jahr für Jahr eine Steigerung der Zahl der sich nicht nur vorübergehend in Deutschland aufhaltenden Ausländerinnen und Ausländer. 1990/91 und 1991/92 betrug diese Zunahme jeweils 10 %. Ende 1993 erreichte die Zahl der in Deutschland lebenden Ausländerinnen und Ausländer mit rund 6,9 Mill. ihren bisher höchsten Stand. Ihre

Abb. 1.1: Ausländische Bevölkerung in Deutschland nach der Staatsangehörigkeit

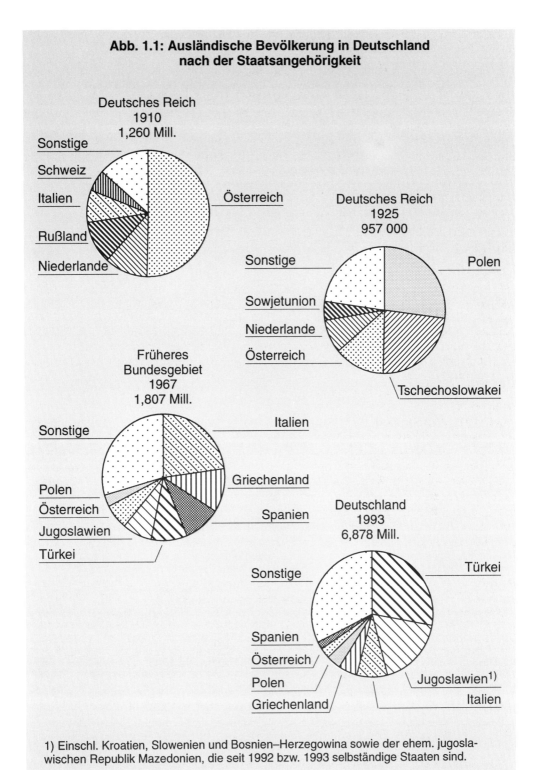

1) Einschl. Kroatien, Slowenien und Bosnien–Herzegowina sowie der ehem. jugoslawischen Republik Mazedonien, die seit 1992 bzw. 1993 selbständige Staaten sind.

Statistisches Bundesamt 95 - 2 - 0391

Zunahme war mit 6 % jedoch geringer als im Zeitraum 1990/92. Das Wachstum der ausländischen Bevölkerung in Deutschland hat sich somit abgeschwächt.

Tab. 1.1: Bevölkerung insgesamt und ausländische Bevölkerung *)

Stichtag	Bevölkerung		Weibliche Personen je 1 000 männliche	Ausländische Bevölkerung			Weibliche Personen je 1 000 männliche
	insgesamt	männlich		insgesamt		männlich	
	1 000		Anzahl	1 000	je 1 000 Einwohner	1 000	Anzahl
01.12.1871.....	41 058,8	20 152,1	1 037	206,8	5	124,7	658
01.12.1880.....	45 234,1	22 185,4	1 039	276,1	6	157,8	749
01.12.1890.....	49 428,5	24 230,8	1 040	433,3	9	244,1	775
01.12.1900.....	56 367,2	27 737,2	1 032	778,7	14	464,1	678
01.12.1910.....	64 926,0	32 040,2	1 026	1 259,9	19	717,0	757
16.06.1925.....	62 410,6	30 196,8	1 067	957,1	15	485,8	970
16.06.1933.....	65 218,5	31 685,6	1 058	756,8	12	377,4	1 005
01.10.1951.....	50 808,9	23 722,9	1 142	506,0	10	.	.
06.06.1961.....	56 174,8	26 413,4	1 127	686,2	12	472,7	451
30.09.1967.....	59 926,0	28 427,1	1 108	1 806,7	30	.	.
30.09.1968.....	60 345,3	28 652,8	1 106	1 924,2	32	.	.
30.09.1969.....	61 069,0	29 107,1	1 098	2 381,1	39	.	.
27.05.1970.....	60 650,6	28 866,7	1 101	2 600,6	43	1 632,5	593
31.12.1971.....	61 502,5	29 367,4	1 094	3 438,7	56	.	.
30.09.1972.....	61 776,7	29 529,1	1 092	3 526,6	57	.	.
30.09.1973.....	62 090,1	29 721,0	1 089	3 966,2	64	2 482,4	598
30.09.1974.....	62 048,1	29 656,4	1 092	4 127,4	67	2 531,1	631
30.09.1975.....	61 746,0	29 446,3	1 097	4 089,6	66	2 439,8	676
30.09.1976.....	61 489,6	29 293,2	1 099	3 948,3	64	2 324,6	698
30.09.1977.....	61 389,0	29 293,4	1 100	3 948,3	64	2 319,7	702
30.09.1978.....	61 331,9	29 217,6	1 099	3 981,1	65	2 319,6	716
30.09.1979.....	61 402,2	29 285,6	1 097	4 143,8	67	2 398,9	727
30.09.1980.....	61 653,1	29 476,9	1 092	4 453,3	72	2 619,2	700
30.09.1981.....	61 719,2	29 526,5	1 090	4 629,7	75	2 710,2	708
30.09.1982.....	61 604,1	29 464,0	1 091	4 666,9	76	2 709,0	723
30.09.1983.....	61 370,8	29 338,5	1 092	4 534,9	74	2 609,5	738
30.09.1984.....	61 089,1	29 196,5	1 092	4 363,9	71	2 499,5	746
31.12.1985.....	61 020,5	29 190,0	1 090	4 378,9	72	2 504,9	748
31.12.1986.....	61 140,5	29 285,4	1 088	4 512,7	74	2 576,7	751
31.12.1987.....	61 238,1	29 419,4	1 082	4 240,5[1]	69[1]	2 341,9[1]	811[1]
31.12.1988.....	61 715,1	29 693,1	1 078	4 489,1[1]	73[1]	2 467,0[1]	820[1]
31.12.1989.....	62 679,0	30 236,4	1 073	4 845,9[1]	77[1]	2 666,5[1]	817[1]
31.12.1990.....	63 725,7	30 850,9	1 066	5 342,5[2]	84[2]	3 011,8[2]	774[2]
31.12.1991.....	80 274,6	38 839,1	1 067	5 882,3	73	3 340,9	761
31.12.1992.....	80 974,6	39 300,1	1 060	6 495,8	80	3 719,7	746
31.12.1993.....	81 338,1	39 518,5	1 058	6 878,1	85	3 921,5	754

*) Jeweiliger Gebietsstand; 1951 bis 1990 Angaben für das frühere Bundesgebiet. – 1) An die Volkszählung vom 25. Mai 1987 angepaßte Zahlen. – 2) Einschl. 45 Personen, die nicht aufgegliedert werden konnten.

Im Blickpunkt: Ausländische Bevölkerung in Deutschland

Der Anteil der Ausländerinnen und Ausländer an der Gesamtbevölkerung betrug Ende 1993 8,5 %, d.h. fast jeder 12. Einwohner Deutschlands besaß zu jenem Zeitpunkt nicht die deutsche Staatsangehörigkeit.

1.2 Regionale Schwerpunkte

1.2.1 Ausländische Bevölkerung in den einzelnen Bundesländern

Die ausländische Bevölkerung ist nicht gleichmäßig über das gesamte Bundesgebiet verteilt, es sind vielmehr deutliche regionale Schwerpunkte vorhanden. Ende 1993 lebten 27 % der ausländischen Bevölkerung in Nordrhein-Westfalen, 18 % in Baden-Württemberg, 15 % in Bayern und 11 % in Hessen. In diesen vier Ländern lebten also 72 % aller Ausländerinnen und Ausländer in Deutschland.

Tab. 1.2: Ausländische Bevölkerung in den Bundesländern

Land	31.12.1991		31.12.1992		31.12.1993	
	Insgesamt	Männlich	Insgesamt	Männlich	Insgesamt	Männlich
Baden-Württemberg	1 093 295	609 583	1 190 785	665 767	1 254 896	697 775
Bayern	917 862	534 351	991 859	579 542	1 053 051	610 715
Berlin	355 572	200 284	382 792	216 541	427 884	242 984
Brandenburg	19 567	13 527	54 976	40 242	61 915	45 157
Bremen...........................	69 305	39 348	75 731	43 487	77 493	43 842
Hamburg	213 689	123 365	235 474	137 824	251 264	147 338
Hessen	674 275	383 679	745 570	427 425	789 867	450 279
Mecklenburg-Vorpommern	10 227	7 311	22 544	15 620	28 702	19 999
Niedersachsen	369 361	207 744	425 801	242 210	445 832	250 899
Nordrhein-Westfalen	1 679 767	938 343	1 812 264	1 014 229	1 886 303	1 050 727
Rheinland-Pfalz	228 430	131 106	258 888	149 541	275 508	157 876
Saarland	60 497	34 885	68 237	39 520	72 123	41 398
Sachsen	47 906	32 633	50 780	36 335	61 169	44 660
Sachsen-Anhalt........................	19 675	14 805	33 929	25 785	38 027	28 280
Schleswig-Holstein	110 698	61 373	125 850	71 376	131 520	73 981
Thüringen	13 141	8 552	20 312	14 219	22 563	15 571
Deutschland.........................	5 882 267	3 340 889	6 495 792	3 719 663	6 878 117	3 921 481

In den neuen Bundesländern ist die Zahl der ausländischen Staatsangehörigen sehr gering. Ende 1993 lebten dort nur etwa 212 000 oder 3 % aller in Deutschland lebenden Ausländerinnen und Ausländer. Dies ist u.a. darauf zurückzuführen, daß es in der ehemaligen DDR keine vom Umfang her mit den Verhältnissen im früheren Bundesgebiet vergleichbare Beschäftigung ausländischer Arbeitnehmerinnen und Arbeitnehmer gab.

Betrachtet man den Anteil der ausländischen Bevölkerung an der Gesamtbevölkerung der einzelnen Bundesländer, so war dieser Ende 1993 mit 15 % am höchsten in Hamburg, gefolgt von Hessen mit 13 %, Baden-Württemberg und Berlin mit jeweils 12 %. In den neuen Bundesländern bewegte sich diese Quote zwischen 0,9 % in Thüringen und 2,4 % in Brandenburg.

Tab. 1.3: Bevölkerung insgesamt und ausländische Bevölkerung in den Bundesländern

Land	1980 Bevölke-rung 1 000	1980 Ausländische Bevölkerung 1 000	1980 Ausländische Bevölkerung je 1 000 Einwohner	1985 Bevölke-rung 1 000	1985 Ausländische Bevölkerung 1 000	1985 Ausländische Bevölkerung je 1 000 Einwohner	1990 Bevölke-rung 1 000	1990 Ausländische Bevölkerung 1 000	1990 Ausländische Bevölkerung je 1 000 Einwohner
Schleswig-Holstein ...	2 610,3	86,5	33	2 614,2	85,1	33	9 822,0	1 010,5	103
Hamburg	1 648,6	143,1	87	1 579,9	170,8	108	11 448,8	842,6	74
Niedersachsen	7 254,8	284,7	39	7 196,9	274,9	38	2 158,0	317,6	147
Bremen....................	695,2	48,1	69	659,9	46,9	71	681,7	63,9	94
Nordrhein-Westfalen .	17 061,8	1 377,6	81	16 674,1	1 319,8	79	1 652,4	198,6	120
Hessen	5 597,2	499,4	89	5 529,4	512,3	93	5 763,3	615,5	107
Rheinland-Pfalz	3 643,4	162,9	45	3 615,0	161,7	45	7 387,2	338,8	46
Baden-Württemberg .	9 255,5	912,9	99	9 271,4	840,0	91	17 349,7	1 590,1	92
Bayern.....................	10 919,6	683,2	63	10 973,7	667,8	61	3 763,5	205,5	55
Saarland	1 067,9	43,6	41	1 045,9	45,4	43	1 073,0	57,6	54
Berlin (West).............	1 898,9	211,3	111	1 860,1	254,3	137	2 626,1	101,9	39
Früheres Bundesgebiet	61 653,1	4 453,3	72	61 020,5	4 378,9	72	63 725,7	5 342,5	84

Land	1991 Bevölke-rung 1 000	1991 Ausländische Bevölkerung 1 000	1991 Ausländische Bevölkerung je 1 000 Einwohner	1992 Bevölke-rung 1 000	1992 Ausländische Bevölkerung 1 000	1992 Ausländische Bevölkerung je 1 000 Einwohner	1993 Bevölke-rung 1 000	1993 Ausländische Bevölkerung 1 000	1993 Ausländische Bevölkerung je 1 000 Einwohner
Baden-Württemberg .	10 001,8	1 093,3	109	10 148,7	1 190,8	117	10 234,0	1 254,9	123
Bayern.....................	11 596,0	917,9	79	11 770,3	991,9	84	11 863,3	1 053,1	89
Berlin	3 446,0	355,6	103	3 465,7	382,8	110	3 475,4	427,9	123
Brandenburg	2 542,7	19,6	8	2 542,7	55,0	21	2 537,7	61,9	24
Bremen....................	683,7	69,3	101	685,8	75,7	110	683,1	77,5	113
Hamburg	1 668,8	213,7	128	1 688,8	235,5	139	1 702,9	251,3	148
Hessen	5 837,3	674,3	116	5 922,6	745,6	126	5 967,3	789,9	132
Mecklenburg-Vorpommern	1 891,7	10,2	5	1 865,0	22,5	12	1 843,5	28,7	16
Niedersachsen	7 475,8	368,4	49	7 577,5	425,8	56	7 648,0	445,8	58
Nordrhein-Westfalen .	17 509,9	1 679,8	96	17 679,2	1 812,3	103	17 759,3	1 886,3	106
Rheinland-Pfalz	3 821,2	228,4	60	3 881,0	258,9	67	3 925,9	275,5	70
Saarland	1 076,9	60,5	56	1 084,0	68,2	63	1 084,5	72,1	67
Sachsen	4 678,9	47,9	10	4 641,0	50,8	11	4 607,7	61,2	13
Sachsen-Anhalt........	2 823,3	19,7	7	2 797,0	33,9	12	2 777,9	38,0	14
Schleswig-Holstein ...	2 648,5	110,7	42	2 679,6	125,9	47	2 694,9	131,5	49
Thüringen	2 572,1	13,1	5	2 545,8	20,3	8	2 532,8	22,6	9
Deutschland.........	80 274,6	5 882,3	73	80 974,6	6 495,8	80	81 338,1	6 878,1	85

1.2.2 Ausländische Bevölkerung in den Großstädten

Die starke Konzentration der ausländischen Bevölkerung auf bestimmte Regionen wird noch deutlicher sichtbar, wenn man ihren Anteil an der Bevölkerung der Großstädte untersucht. Dann zeigt sich, daß sich die Gebiete, in denen der Bevölkerungsanteil der Ausländerinnen und Ausländer erheblich über dem Bundesdurchschnitt liegt, im wesentlichen mit den Ballungsräumen decken.

Tab. 1.4: Ausländische Bevölkerung in ausgewählten Großstädten

Stadt	31.12.1991		31.12.1992		31.12.1993	
	1 000	je 1 000 Einwohner	1 000	je 1000 Einwohner	1 000	je 1 000 Einwohner
Berlin	355,6	103	382,8	110	427,9	123
Bielefeld	35,5	110	37,5	116	49,3	152
Bonn	35,8	121	38,6	129	39,7	134
Bottrop	8,7	73	9,3	78	10,1	84
Bremen	57,3	104	62,8	113	64,2	116
Darmstadt	18,0	128	20,1	142	20,2	145
Dortmund	61,2	102	65,6	109	69,9	116
Düsseldorf	97,0	168	99,7	172	105,5	183
Duisburg	82,8	154	88,1	163	89,3	166
Frankfurt am Main	168,1	257	185,4	279	191,6	290
Gelsenkirchen	35,8	122	38,7	131	40,2	136
Hamburg	213,7	128	235,5	139	251,3	148
Hannover	59,6	115	64,6	123	70,7	135
Heilbronn	17,7	151	19,0	157	20,5	167
Herne	20,3	113	21,9	121	22,9	127
Karlsruhe	30,6	110	33,5	120	37,3	134
Kassel	23,7	120	26,7	133	28,4	140
Köln	168,1	176	174,3	181	182,1	189
Krefeld	31,0	126	33,3	134	34,7	139
Ludwigshafen	27,0	163	30,0	179	30,7	183
Mainz	25,8	141	28,5	154	31,9	172
Mannheim	57,9	184	63,2	198	65,2	205
München	291,6	237	279,7	223	285,5	227
Nürnberg	70,2	160	76,7	153	79,4	159
Offenbach	29,0	250	31,5	269	32,6	279
Remscheid	19,6	159	21,0	169	21,5	174
Salzgitter	10,8	93	12,0	103	12,3	105
Solingen	22,0	132	23,5	141	23,9	144
Stuttgart	126,6	214	139,5	233	140,5	236
Ulm	14,6	130	16,3	143	18,2	158
Wiesbaden	37,8	143	42,3	158	46,3	171
Wolfsburg	11,8	91	12,4	96	11,9	93

Von den Ende 1993 im Ausländerzentralregister (AZR) erfaßten knapp 6,9 Mill. Ausländerinnen und Ausländern wohnten 3,3 Mill. oder 48 % in kreisfreien Städten mit 100 000 oder mehr Einwohnern. Die höchsten Quoten wiesen 1993 mit 29 bzw. 28 % Frankfurt/Main und Offenbach auf. Mehr als doppelt so hoch wie im Bundesdurchschnitt (8,5 %) war der Anteil ausländischer Bürgerinnen und Bürger auch in Stuttgart (24 %), München (23 %), Mannheim (21 %), Köln (19 %), Düsseldorf und Ludwigshafen (jeweils 18 %). Die niedrigsten Anteile wiesen 1993 mit jeweils knapp 1 % Gera und Potsdam auf.

1.2.3 Häufigste Staatsangehörigkeiten der ausländischen Bevölkerung in den Großstädten

In den einzelnen Großstädten sind die Nationalitäten der ausländischen Bürgerinnen und Bürger sehr unterschiedlich verteilt. So ist beispielsweise der Anteil von Menschen aus der Türkei an den im Bergbau, in der Eisen- und Stahlerzeugung sowie in Gießereibetrieben tätigen ausländischen Arbeitnehmern überdurchschnittlich hoch. Das erklärt u.a. den hohen Anteil dieser Nationalitätengruppe an den ausländischen Einwohnern beispielsweise von Gelsenkirchen (62 %), Salzgitter (60 %), Duisburg, Herne und Bottrop (jeweils über die Hälfte). Von der ausländischen Bevölkerung Wolfsburgs wiederum waren über 55 % Italienerinnen und Italiener, was damit zusammenhängt, daß das Volkswagenwerk überwiegend ausländische Arbeitnehmerinnen und Arbeitnehmer dieser Nationalität beschäftigt.

Tab. 1.5: Ausländische Bevölkerung in ausgewählten Großstädten 1993 nach ausgewählten Staatsangehörigkeiten

Stadt	Bevölkerung insgesamt[1]	Ausländische Bevölkerung	Darunter nach der Staatsangehörigkeit		
			Türkei	Griechenland	Italien
	1 000	je 1 000 Einwohner	%[2]		
Berlin	3 475,4	427,9	123	31,1	2,2	2,1
Bielefeld	324,7	49,3	152	37,4	7,3	2,7
Bonn	296,9	39,7	134	13,8	3,2	5,2
Bottrop	119,7	10,1	84	53,4	5,8	3,3
Bremen	551,6	64,2	116	38,3	1,9	2,2
Darmstadt	139,8	20,2	145	23,2	5,0	12,7
Dortmund	602,0	69,9	116	37,3	6,1	5,0
Düsseldorf	574,9	105,5	183	16,0	10,5	6,8
Duisburg	536,8	89,3	166	57,9	2,5	4,9
Frankfurt am Main	659,8	191,6	290	17,5	4,7	8,9
Gelsenkirchen	295,0	40,2	136	61,9	1,4	4,4
Hamburg	1 702,9	261,3	148	24,2	3,3	2,9
Hannover	524,8	70,7	135	32,6	7,7	4,4
Heilbronn	122,4	20,5	167	38,6	5,5	13,2
Herne	180,5	22,9	127	55,9	5,6	4,6
Karlsruhe	278,0	37,3	134	18,5	2,7	12,4
Kassel	202,2	28,4	140	34,8	1,7	6,1
Köln	962,5	182,1	189	41,4	4,4	11,3
Krefeld	249,6	34,7	139	39,6	7,7	9,1
Ludwigshafen	168,1	30,7	183	31,2	9,7	19,3
Mainz	185,5	31,9	172	19,9	2,0	15,1
Mannheim	318,0	65,2	205	30,5	5,0	13,2
München	1 255,6	285,5	227	16,2	8,4	7,7
Nürnberg	498,9	79,4	159	29,4	12,9	8,9
Offenbach	116,9	32,6	279	15,7	11,9	13,3
Remscheid	123,6	21,5	174	37,9	1,5	16,6
Salzgitter	117,7	12,3	105	59,8	2,0	4,6
Solingen	166,1	23,9	144	34,0	7,0	25,8
Stuttgart	594,4	140,5	236	18,4	11,9	11,3
Ulm	114,8	18,2	158	32,7	3,4	11,5
Wiesbaden	270,9	46,3	171	24,3	7,0	9,3
Wolfsburg	128,0	11,9	93	4,5	1,6	55,4

1) Am 31.12.1993. – 2) Anteil an der jeweiligen Gesamtzahl der Ausländerinnen und Ausländer.

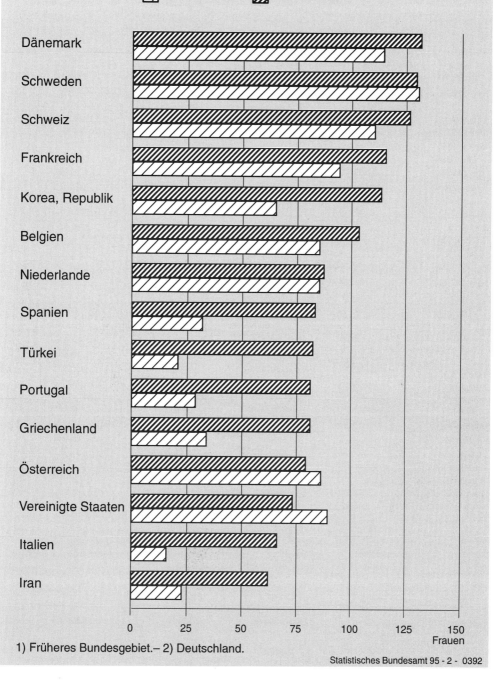

Abb. 1.2: Geschlechterrelation der ausländischen Bevölkerung in Deutschland am 6.6.1961 und am 31.12.1993 nach ausgewählten Staatsangehörigkeiten

Anzahl der Frauen je 100 Männer

☑ 6.6.1961[1)]   ☑ 31.12.1993[2)]

Dänemark

Schweden

Schweiz

Frankreich

Korea, Republik

Belgien

Niederlande

Spanien

Türkei

Portugal

Griechenland

Österreich

Vereinigte Staaten

Italien

Iran

0   25   50   75   100   125   150
Frauen

1) Früheres Bundesgebiet.– 2) Deutschland.

Statistisches Bundesamt 95 - 2 - 0392

Tab. 1.6: Ausländische Bevölkerung nach Staatsangehörigkeiten*)

Staatsangehörigkeit	1980	1985	1987[1]	1989[1]
Europa	3 955 902	3 763 838	3 644 089	4 103 108
Belgien	16 600	18 852	17 353	18 697
Dänemark	11 527	13 381	12 072	13 429
Frankreich	68 620	74 850	68 883	77 602
Griechenland	297 518	280 614	256 396	293 649
Großbritannien und Nordirland	81 090	88 089	80 669	85 748
Irland	5 677	6 332	7 210	8 872
Italien	617 895	531 338	499 562	519 548
Luxemburg	4 444	4 891	4 446	4 764
Niederlande	107 771	108 419	95 690	101 238
Portugal	112 270	77 046	69 327	74 890
Spanien	179 952	152 781	128 777	126 963
EU-Staaten[2]	1 503 364	1 356 593	1 240 385	1 325 400
Bosnien-Herzegowina	.	.	.	.
Bulgarien	3 831	4 259	3 984	5 670
Jugoslawien[3]	631 842	591 001	551 614	610 499
Kroatien	.	.	.	.
Ehem. jug. Rep. Mazedonien	.	.	.	.
Österreich	172 573	172 534	150 037	171 093
Polen	60 140	104 755	120 550	220 443
Rumänien	10 272	13 736	14 849	21 101
Ehem. Sowjetunion	5 946	6 688	6 854	11 533
Türkei	1 462 442	1 401 932	1 453 708	1 612 623
Ungarn	20 144	21 355	21 837	31 627
Afrika	103 432	133 456	126 435	163 579
Algerien	4 975	5 284	4 685	5 924
Ghana	9 174	13 941	12 352	14 924
Marokko	35 854	48 132	47 310	61 848
Nigeria	3 610	3 164	2 845	5 068
Tunesien	22 622	23 168	20 616	24 292
Zaire	573	908	1 009	2 749
Amerika	113 354	127 046	113 594	132 233
Brasilien	5 485	6 841	6 676	9 105
Vereinigte Staaten	77 436	85 655	75 625	85 707
Asien	219 117	295 459	302 966	386 444
Afghanistan	6 082	14 410	15 820	22 461
China[4]	2 146	6 178	8 249	14 085
Indien	27 929	24 315	21 420	23 896
Iran	28 360	51 351	65 647	81 331
Japan	14 188	17 551	16 636	20 094
Libanon	10 339	13 164	18 761	30 053
Pakistan	26 220	16 193	15 518	19 690
Sri Lanka	5 157	27 535	23 490	32 705
Thailand	4 770	7 912	8 951	13 276
Vietnam	13 815	29 551	27 168	33 381
Australien und Ozeanien	6 654	6 308	5 360	6 164
Staatenlos	33 853	27 837	19 528	20 249
Ungeklärt und ohne Angabe	20 996	24 998	28 560	34 105
Insgesamt	**4 453 308**	**4 378 942**	**4 240 532**	**4 845 882**

*) 1980 am 30.9., ab 1985 jeweils am 31.12., früheres Bundesgebiet. – 1) An die Ergebnisse der Volkszählung 1987 angepaßte Zahlen. – 2) Einschl. Griechenland, Portugal und Spanien, die seit 1.1.1981 (Griechenland) bzw. 1.1.1986 (Portugal und Spanien) Mitglied der Europäischen Union sind. – Ohne Finnland, Österreich und Schweden, die seit dem 1.1.1995 Vollmitglied der Europäischen Union sind. – 3) Einschl. Kroatien, Slowenien und Bosnien-Herzegowina sowie der ehem. jugoslawischen Republik Mazedonien, die seit 1992 bzw. 1993 selbständige Staaten sind. – 4) Ohne Taiwan.

Staatsangehörigkeit	1990	1991	1992	1993
Europa	4 455 082	4 856 428	5 361 949	5 678 425
Belgien	20 891	21 618	21 986	22 438
Dänemark	15 582	16 833	18 252	19 602
Frankreich	85 135	88 880	90 877	94 160
Griechenland	320 181	336 893	345 902	351 976
Großbritannien und Nordirland	96 465	103 185	107 130	111 748
Irland	10 349	12 854	13 761	14 688
Italien	552 440	560 090	557 709	563 009
Luxemburg	5 261	5 361	5 405	5 465
Niederlande	111 678	113 332	113 552	113 758
Portugal	85 511	92 991	98 918	105 572
Spanien	135 498	135 234	133 847	133 160
EU-Staaten[1]	1 438 991	1 487 271	1 507 339	1 535 576
Bosnien-Herzegowina	.	.	19 904	139 126
Bulgarien	14 711	32 627	59 094	56 709
Jugoslawien[2]	662 691	775 082	915 636	929 647
Kroatien	.	.	82 516	153 146
Ehem. jug. Rep. Mazedonien	.	.	.	2 623
Österreich	183 161	186 885	185 278	186 302
Polen	242 013	271 198	285 553	260 514
Rumänien	60 293	92 135	167 327	162 577
Ehem. Sowjetunion	18 177	51 378	61 399	63 573
Türkei	1 694 649	1 779 586	1 854 945	1 918 395
Ungarn	36 733	56 401	61 436	62 195
Afrika	197 974	236 370	283 901	302 068
Algerien	7 386	9 073	14 373	23 082
Ghana	18 814	21 952	25 955	24 769
Marokko	69 595	75 145	80 278	82 803
Nigeria	9 842	15 638	19 636	15 438
Tunesien	26 120	27 205	28 075	28 060
Zaire	3 915	5 254	11 895	13 893
Amerika	144 633	160 564	168 758	176 481
Brasilien	10 486	12 106	13 253	14 643
Vereinigte Staaten	92 672	99 712	104 368	107 834
Asien	472 263	553 383	596 763	644 649
Afghanistan	30 586	36 409	41 528	46 464
China[3]	18 376	22 098	25 479	31 451
Indien	29 006	32 759	35 517	36 023
Iran	92 168	97 924	99 069	101 517
Japan	22 096	25 195	26 492	27 076
Libanon	47 123	50 935	53 469	55 083
Pakistan	24 409	28 157	32 197	34 357
Sri Lanka	36 389	40 517	43 902	46 530
Thailand	15 743	17 840	20 132	22 558
Vietnam	45 779	78 139	85 656	95 542
Australien und Ozeanien	7 079	7 981	8 421	8 754
Staatenlos	22 099	22 757	21 868	20 858
Ungeklärt und ohne Angabe	43 402	44 784	54 132	46 882
Insgesamt	5 342 532[4]	5 882 267	6 495 792	6 878 117

*) Jeweils am 31.12., ab 1991 Deutschland, sonst früheres Bundesgebiet. – 1) Einschl. Griechenland, Portugal und Spanien, die seit 1.1.1981 (Griechenland) bzw. 1.1.1986 (Portugal und Spanien) Mitglied der Europäischen Union sind. – Ohne Finnland, Österreich und Schweden, die seit dem 1.1.1995 Vollmitglied der Europäischen Union sind. – 2) Bis 1991 bzw. 1992 einschl. Kroatien, Slowenien und Bosnien-Herzegowina sowie der ehem. jugoslawischen Republik Mazedonien, die seit 1992 bzw. 1993 selbständige Staaten sind, sowie ab 1991 einschl. nicht zuordenbarer Fälle aus dem ehem. Jugoslawien. – 3) Ohne Taiwan. – 4) Einschl. 45 Personen, die nicht nach der Staatsangehörigkeit aufgegliedert werden konnten.

1.3 Staatsangehörigkeiten

Vergleicht man die Staatsangehörigkeiten der ausländischen Bevölkerung im Deutschen Reich mit denen in der Bundesrepublik Deutschland, so zeigen sich erhebliche Veränderungen. Vor dem 1. Weltkrieg waren anteilmäßig Angehörige aus solchen Staaten am stärksten vertreten, die mit dem Deutschen Reich eine gemeinsame Landesgrenze hatten. So besaßen von den bei der Volkszählung 1910 ermittelten Ausländerinnen und Ausländern 50 % die österreichische und jeweils rund 11 % die russische bzw. die niederländische Staatsangehörigkeit.

Die als Folge des 1. Weltkriegs eingetretenen Gebietsstandsveränderungen (z.B. die Auflösung der Donaumonarchie Österreich-Ungarn, das Wiedererstehen des polnischen Staates) und die Bildung neuer Staaten in Mitteleuropa (z.B. Tschechoslowakei, Jugoslawien) hatten erhebliche Auswirkungen auf die Zusammensetzung der im Deutschen Reich lebenden ausländischen Bevölkerung. So ging 1925 im Vergleich zu 1910 der Anteil der österreichischen Staatsangehörigen von 50 auf 14 % und derjenige der Personen mit russischer bzw. sowjetischer Staatsangehörigkeit von 11 auf 5 % zurück. Die Hälfte der 1925 im Deutschen Reich lebenden Ausländerinnen und Ausländer stammten aus der Tschechoslowakei und aus Polen.

Im früheren Bundesgebiet bzw. in Deutschland sind anteilmäßig auch heute noch – von Spanien und Portugal abgesehen – am stärksten die Angehörigen der Staaten vertreten, mit denen in den 50er und 60er Jahren Anwerbevereinbarungen abgeschlossen worden sind. So stammten 1993 von den 6,9 Mill. Ausländerinnen und Ausländern 28 % aus der Türkei; 1910 hatte ihr Anteil nur 0,2 % betragen. Den zweiten und dritten Platz nehmen Menschen aus dem Gebiet des ehemaligen Jugoslawiens (18 %) sowie italienische Staatsangehörige ein (8 %). 1961 waren die Italienerinnen und Italiener mit 29 % noch die stärkste Ausländergruppe im früheren Bundesgebiet gewesen. Verringert hat sich auch der Anteil der Bürgerinnen und Bürger aus Portugal und Spanien an der Gesamtzahl der Ausländerinnen und Ausländer; 1993 betrug er jeweils nur noch knapp 2 % gegenüber 5 % (Spanien) und 3 % (Portugal) im Jahr 1978.

Tab. 1.7: Anteile ausgewählter Staatsangehörigkeiten unter der ausländischen Bevölkerung in Deutschland*)

1.7.1 1900 bis 1933

Staatsangehörigkeit	1.12.1900		1.12.1910		16.6.1933	
	1 000	%	1 000	%	1 000	%
Frankreich	20,5	2,6	19,1	1,5	5,9	0,8
Griechenland	0,4	0,0	0,8	0,1	1,5	0,2
Italien	69,7	9,0	104,2	8,3	22,5	3,0
Jugoslawien	x	x	x	x	17,3	2,3
Niederlande	88,1	11,3	144,2	11,4	80,6	10,7
Österreich	371,0	47,6	635,0	50,4	80,7	10,7
Polen	x	x	x	x	148,1	19,6
Portugal	0,1	0,0	0,3	0,0	0,1	0,0
Schweiz	55,5	7,1	68,3	5,4	39,7	5,2
Rußland bzw. Sowjetunion	47,0	6,0	137,7	10,9	12,8	1,7
Spanien	0,8	0,1	1,7	0,1	1,3	0,2
Tschechoslowakei	x	x	x	x	186,2	24,6
Türkei	1,5	0,2	2,3	0,2	1,7	0,2
Insgesamt	778,7	100	1 259,9	100	756,8	100

Tab. 1.7: Anteile ausgewählter Staatsangehörigkeiten unter der ausländischen Bevölkerung in Deutschland*)

1.7.2 1978 bis 1993

Staatsangehörigkeit	30.9.1978		31.12.1991		31.12.1993	
	1 000	%	1 000	%	1 000	%
Europa[1]	3 542,3	89,5	4 856,4	82,6	5 678,0	82,6
darunter:						
Belgien	15,3	0,4	21,6	0,4	22,4	0,3
Dänemark	10,4	0,3	16,8	0,3	19,6	0,3
Frankreich	61,2	1,5	88,9	1,5	94,2	1,4
Griechenland	305,5	7,7	336,9	5,7	352,0	5,1
Großbritannien u. Nordirland	67,0	1,7	103,2	1,8	111,7	1,6
Irland	3,5	0,1	12,9	0,2	14,7	0,2
Italien	572,5	14,3	560,1	9,5	563,0	8,2
Luxemburg	4,2	0,1	5,4	0,1	5,5	0,1
Niederlande	105,6	2,7	113,3	1,9	113,8	1,7
Portugal	109,9	2,8	93,0	1,6	105,6	1,5
Spanien	188,9	4,7	135,2	2,3	133,2	1,9
EU-Staaten[2]	1 444,1	36,3	1 487,3	25,3	1 535,6	22,3
Bosnien-Herzegowina	.	.	.	.	139,1	2,0
Jugoslawien[3]	610,2	15,3	775,1	13,2	929,6	13,5
Kroatien	.	.	.	.	153,1	2,2
Ehem. jug. Rep. Mazedonien	.	.	.	.	2,7	0,0
Österreich	159,3	4,0	186,9	3,2	186,3	2,7
Polen	46,0	1,2	271,2	4,6	260,5	3,8
Türkei	1 165,1	29,3	1 779,6	30,3	1 918,4	27,9
Afrika	79,5	2,0	236,4	4,0	302,1	4,4
darunter:						
Ghana	4,3	0,1	22,0	0,4	24,8	0,4
Marokko	28,9	0,7	75,1	1,3	82,8	1,2
Tunesien	19,2	0,5	27,2	0,5	28,1	0,4
Amerika	102,7	2,6	160,6	2,7	176,5	2,6
dar.: Vereinigte Staaten	71,6	1,8	99,7	1,7	107,8	1,6
Asien[4]	147,2	3,7	553,4	9,4	644,6	9,4
darunter:						
Afghanistan	1,9	0,0	36,4	0,6	46,5	0,7
Iran	19,5	0,5	97,9	1,7	101,5	1,5
Libanon	6,8	0,2	50,9	0,7	55,1	0,8
Sri Lanka	1,2	0,0	40,5	0,7	46,5	0,7
Vietnam	2,7	0,1	78,1	1,3	95,5	1,4
Australien und Ozeanien	6,1	0,2	8,0	0,1	8,8	0,1
Staatenlos	30,1	0,8	22,8	0,4	20,9	0,3
Ungeklärt und ohne Angabe	47,8	1,2	44,7	0,8	46,9	0,7
Insgesamt	3 981,1[5]	100	5 882,3	100	6 878,1	100

*) 1900 – 1933: jew. Gebietsstand; 1978 früheres Bundesgebiet, 1991 – 1993 Deutschland. – 1) Einschl. Gebiet der ehem. Sowjetunion ohne nähere Angaben. – 2) Einschl. Griechenland, Portugal und Spanien, die seit 1.1.1981 (Griechenland) bzw. 1.1.1986 (Portugal und Spanien) Mitglied der Europäischen Union sind. – Ohne Finnland, Österreich und Schweden, die seit dem 1.1.1995 Vollmitglied der Europäischen Union sind. – 3) Bis 1991 einschl. Kroatien, Slowenien und Bosnien-Herzegowina sowie der ehem. jugoslawischen Republik Mazedonien, die seit 1992 bzw. 1993 selbständige Staaten sind, sowie ab 1991 einschl. nicht zuordenbarer Fälle aus dem ehem. Jugoslawien. – 4) Einschl. der in Asien gelegenen Nachfolgestaaten der ehem. Sowjetunion. – 5) Einschl. 25 313 Personen, die nicht nach der Staatsangehörigkeit aufgegliedert werden konnten, die Verhältniszahlen beziehen sich auf 3 955 748 Personen.

Durch die Zunahme der Zahl der Asylsuchenden und die Aufnahme von Flüchtlingen hat sich die Zahl der Staatsangehörigen aus asiatischen Ländern mit 645 000 im Jahre 1993 gegenüber 147 000 im Jahre 1978 mehr als vervierfacht. Ihr Anteil an allen Ausländerinnen und Ausländern stieg im gleichen Zeitraum von 4 auf 9 %. Im Zeitraum 1978/93 wurde auch eine steigende Zahl von Asylbewerberinnen und -bewerbern aus Polen registriert.

1.4 Altersaufbau

Hinsichtlich der Gliederung nach dem Alter bestehen zwischen der in Deutschland lebenden ausländischen und der deutschen Bevölkerung wesentliche Unterschiede. Der Altersaufbau der Ausländerinnen und Ausländer ist – bedingt durch die erwerbs-orientierte Zuwanderung, den Familiennachzug und relativ hohe Geburtenzahlen – nach wie vor gekennzeichnet durch einen hohen Anteil von Personen jüngeren und mittleren Alters und einen niedrigen Anteil älterer Menschen. Die vielseitigen Einflüsse, die die Struktur und Entwicklung der Bevölkerung im früheren Bundesgebiet mitbe-stimmt haben – zwei Weltkriege, Wirtschaftskrisen sowie die damit unmittelbar im Zusammenhang stehenden Kriegsverluste und Geburtenausfälle – haben auf den Altersaufbau der ausländischen Bevölkerung, die zum weitaus größten Teil nach Kriegsende in das frühere Bundesgebiet zugezogen ist, keinen Einfluß.

Bei den bis 1973 als ausländische Arbeitskräfte Angeworbenen handelte es sich in erster Linie um Männer in jüngerem und mittlerem Alter. Aus diesem Grund waren Ende 1972 48 % aller ausländischen Staatsangehörigen und 54 % der ausländischen Männer in Deutschland 25 bis unter 45 Jahre alt. Bei der deutschen Bevölkerung betrugen die entsprechenden Anteile hingegen nur 27 und 29 %. Unter der ausländi-schen Bevölkerung gab es 1972 ferner anteilmäßig weniger Kinder (21 %) und weitaus weniger Menschen im Alter von 65 oder mehr Jahren (2 %) als unter den Deutschen (23 bzw. 15 %).

Als Folge des Familiennachzugs, der sich nach 1973 erheblich verstärkte, und der zunächst noch sehr hohen Geburtenhäufigkeit ausländischer Frauen stieg der Anteil der unter 15jährigen Ausländerinnen und Ausländer bis 1982 auf 27 %. Demgegenüber verringerte sich dieser Wert bei der deutschen Bevölkerung wegen des Geburtenrück-gangs auf 16 %. Im Zeitraum 1972/82 nahm der Anteil der 25- bis unter 45jährigen Ausländerinnen und Ausländer – teilweise bedingt durch den Anwerbestopp – ab, und zwar von 48 auf 40 %. Bei den ausländischen Männern gleichen Alters ging er von 54 auf 41 % zurück.

Im Jahr 1992 waren 22 % aller Ausländerinnen und Ausländer unter 15 Jahre alt. 1982 hatte dieser Wert – wie bereits erwähnt – noch 27 % betragen. Der Rückgang dürfte auch mit der anteilmäßig schon seit vielen Jahren geringeren Zuwanderung ausländi-scher Kinder und Jugendlicher zusammenhängen. Da die Geburtenhäufigkeit der ausländischen Frauen aber nach wie vor höher ist als die deutscher Frauen, gab es auch 1992 der relativen Zahl nach unter der ausländischen Bevölkerung mehr unter 15jährige Personen als unter der deutschen (15 %). Bei den Menschen im Alter von 65 oder mehr Jahren verhält es sich hingegen umgekehrt; von der ausländischen Bevölkerung gehörten 1992 nur 3 % dieser Altersgruppe an gegenüber 17 % der deutschen.

Tab. 1.8: Deutsche und ausländische Bevölkerung nach Altersgruppen*)

Prozent

Alter von... bis unter ... Jahren	Deutsche Bevölkerung			Ausländische Bevölkerung		
	1972	1982	1992	1972	1982	1992
Männlich						
unter 15	24,7	17,0	16,3	18,3	24,8	20,1
15 - 25	14,5	18,1	12,4	16,8	17,3	19,0
25 - 35	14,4	14,7	18,1	32,6	20,5	22,7
35 - 45	14,3	14,5	14,6	20,9	20,3	16,1
45 - 55	10,7	14,0	14,0	7,5	11,1	13,3
55 - 65	9,6	9,8	12,5	2,6	4,0	6,5
65 und mehr	11,8	11,8	12,1	1,3	2,1	2,3
Insgesamt	100	100	100	100	100	100
Weiblich						
unter 15	20,9	14,5	14,2	26,1	29,3	23,4
15 - 25	12,2	15,5	10,9	24,9	17,3	20,5
25 - 35	12,6	12,5	16,0	25,2	22,8	19,9
35 - 45	12,4	12,9	13,0	12,9	15,8	17,0
45 - 55	12,7	12,6	12,8	6,0	7,8	11,0
55 - 65	12,3	12,4	12,1	2,4	3,8	5,1
65 und mehr	16,9	19,6	21,0	2,5	3,1	3,2
Insgesamt	100	100	100	100	100	100
Insgesamt						
unter 15	22,7	15,7	15,2	21,4	26,8	21,6
15 - 25	13,3	16,7	11,6	20,0	17,3	19,7
25 - 35	13,5	13,6	17,0	29,7	21,5	21,4
35 - 45	13,3	13,7	13,8	17,8	18,3	16,5
45 - 55	11,8	13,2	13,4	6,9	9,6	12,3
55 - 65	11,0	11,2	12,3	2,5	3,9	5,9
65 und mehr	14,5	15,9	16,7	1,8	2,6	2,7
Insgesamt	100	100	100	100	100	100

*) Ergebnisse der Fortschreibung des Bevölkerungsstandes jeweils zum Jahresende. Die Angaben beziehen sich jeweils auf das frühere Bundesgebiet.

1.5 Aufenthaltsdauer in Deutschland

Ein wichtiger Indikator für den Grad der Integration ausländischer Bürgerinnen und Bürger ist ihre Aufenthaltsdauer. Diese wird ohne Berücksichtigung von Aufenthalts-unterbrechungen als Differenz zwischen Auszählungsstichtag und Datum der ersten Einreise in das Bundesgebiet ermittelt. Die in diesem Abschnitt genannten Zahlen können also keinen Aufschluß darüber geben, wie viele Ausländerinnen und Ausländer sich seit ihrer ersten Einreise ununterbrochen in der Bundesrepublik Deutschland aufhalten.

Ausgehend von der genannten Definition waren von den Ende 1993 im Ausländerzen-tralregister erfaßten 6,9 Mill. Frauen und Männern rund 50 % seit mindestens zehn Jahren – darunter 27 % bereits zwanzig Jahre oder länger – in Deutschland ansässig.

41 % lebten seit weniger als sechs Jahren in Deutschland, und 9 % hatten einen Aufenthalt von sechs bis unter zehn Jahren. Für 1993 ergibt sich eine durchschnittliche Aufenthaltsdauer in Deutschland von zwölf Jahren. 1973 hatte sie 3,65 und 1983 10,64 Jahre betragen. Hierbei fällt auf, daß sich die durchschnittliche Verweildauer im Zeitraum 1973/83 um sieben Jahre erhöht hat, im Zeitraum 1983/93 hingegen nur um ein Jahr und sechs Monate. Zurückzuführen ist dies darauf, daß in den letzten Jahren die Zahl der Menschen mit einer erst kürzeren Aufenthaltsdauer stärker zugenommen hat als jene mit einer längeren, was den Durchschnittswert senkt.

Tab. 1.9: Ausländische Bevölkerung 1993 nach ausgewählten Staatsangehörigkeiten und Aufenthaltsdauer in Deutschland*)

1000

Staatsangehörigkeit	Insgesamt	Davon Aufenthaltsdauer von ... bis unter ... Jahren					
		unter 1	1 - 6	6 - 10	10 - 15	15 - 20	20 und mehr
Belgien	22,4	1,2	5,3	2,8	2,9	2,2	8,1
Bosnien-Herzegowina	139,1	71,6	54,3	0,9	1,8	2,8	7,7
Frankreich	94,2	6,9	25,7	11,4	11,9	10,6	27,7
Griechenland	352,0	11,6	86,9	21,3	26,6	36,9	168,6
Großbritannien und Nordirland	111,7	9,6	33,3	13,8	16,4	14,3	24,3
Jugoslawien[1]	929,6	120,5	381,6	35,3	55,4	70,9	266,0
Kroatien	153,1	12,2	34,5	5,0	10,0	17,1	74,3
Ehem. jug. Republik Mazedonien	2,6	0,7	0,6	0,1	0,2	0,3	0,8
Niederlande	113,8	4,0	16,9	8,5	8,4	9,0	66,9
Österreich	186,3	5,6	27,0	14,2	19,5	18,3	101,5
Polen	260,5	19,3	148,8	41,8	27,6	5,7	17,3
Portugal	105,6	8,3	24,9	6,0	8,5	17,7	40,3
Schweiz	35,0	2,2	7,6	2,9	2,9	3,2	16,3
Slowakei	2,6	2,0	0,4	0,0	0,0	0,0	0,0
Slowenien	14,4	1,0	1,8	0,4	0,7	1,4	9,0
Spanien	133,2	3,2	11,8	5,8	8,2	14,0	90,2
Tschechische Republik	8,3	4,3	3,7	0,1	0,1	0,0	0,0
Ehem. Tschechoslowakei	52,0	3,5	29,0	6,0	5,4	1,7	6,4
Türkei	1 918,4	69,9	419,1	188,6	334,4	362,9	543,5
Marokko	82,8	4,1	26,1	13,4	15,0	8,0	16,2
Tunesien	28,1	1,5	6,9	3,4	4,8	3,7	7,8
Vereinigte Staaten	107,8	9,8	36,2	13,6	11,5	10,3	26,5
Indien	36,0	3,9	15,8	4,5	5,2	3,1	3,6
Iran	101,5	3,6	33,8	38,4	12,5	4,6	8,6
Japan	27,1	4,0	13,4	3,3	2,4	1,9	2,1
Jordanien	12,7	0,5	3,4	1,4	1,7	1,9	3,8
Korea, Republik	20,9	1,4	7,5	3,0	3,7	2,6	2,7
Pakistan	34,4	3,0	18,2	5,6	3,3	3,4	1,0
Insgesamt	6 878,1	617,8	2 212,9	645,0	770,4	744,6	1 887,6

*) Die Aufenthaltsdauer ergibt sich ohne Berücksichtigung von Unterbrechungen aus der Differenz zwischen Auszählungs-stichtag und Datum der ersten Einreise in das Bundesgebiet. – 1) Zum Teil einschl. nicht zuordenbarer Fälle aus dem ehem. Jugoslawien.

Im Blickpunkt: Ausländische Bevölkerung in Deutschland

Hinsichtlich der Verweildauer bestehen zahlreiche nationalitätenspezifische Unterschiede. So hielten sich 1993 beispielsweise 68 % der Spanierinnen und Spanier, 59 % der Menschen aus den Niederlanden und 55 % der österreichischen Staatsangehörigen bereits zwanzig Jahre oder länger in Deutschland auf. Bei den Bürgerinnen und Bürgern aus Österreich hängt das mit der gleichen Sprache sowie den vielen verwandtschaftlichen Beziehungen und den engen Verflechtungen über die Grenze hinweg zusammen. Der hohe Prozentsatz bei den niederländischen Staatsangehörigen hat ähnliche Gründe. Bei den Menschen aus den früheren Anwerbestaaten hingegen hängt die Dauer des Aufenthalts wesentlich von dem Zeitpunkt des Abschlusses von Anwerbevereinbarungen und des Familiennachzugs zusammen. Aus anderen Ländern wiederum sind Personen erst in den 80er Jahren in großer Zahl als Asylsuchende eingereist oder in der jüngsten Vergangenheit als Flüchtlinge oder Bürgerkriegsflüchtlinge aufgenommen worden. In diesen Fällen ist die Verweildauer natürlich entsprechend niedrig. So hielten sich 1993 beispielsweise von den Polen 65 % unter sechs Jahre und von den Personen aus Bosnien-Herzegowina 86 % weniger als zwei Jahre in Deutschland auf.

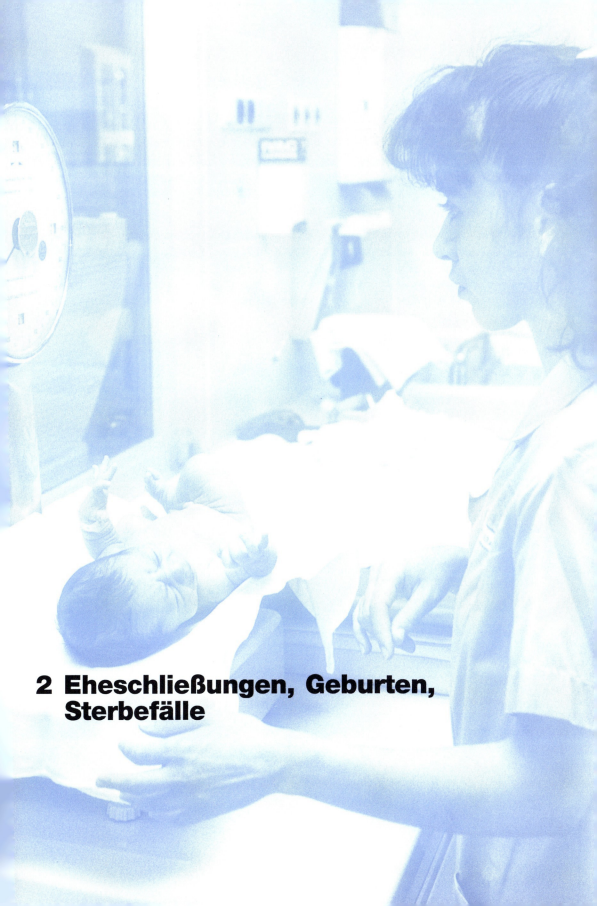

2 Eheschließungen, Geburten, Sterbefälle

2 Eheschließungen, Geburten, Sterbefälle

2.1 Eheschließungen von Ausländerinnen und Ausländern

Im Jahr 1960 wurden im früheren Bundesgebiet rund 521 000 Eheschließungen registriert; an jeder 25. Heirat waren Ausländerinnen oder Ausländer beteiligt. In drei von vier dieser Ehen von oder mit ausländischen Staatsangehörigen heirateten seinerzeit deutsche Frauen einen ausländischen Mann. Die Zahl der Eheschließungen zwischen zwei ausländischen Partnern war damals noch sehr klein.

Zehn Jahre später hatte sich das Bild etwas verändert. Absolut gesehen, waren die Eheschließungen von Ausländerinnen und Ausländern um etwa die Hälfte angestiegen; der Anteil an allen Eheschließungen hatte sich auf über 7 % erhöht. Nur noch in 44 % der Fälle handelte es sich um die Eheschließung einer deutschen Frau mit einem ausländischen Mann. Der Anteil der deutschen Männer, die eine Ausländerin heirateten, hatte sich auf 31 % erhöht, die Zahl der Eheschließungen zwischen zwei ausländischen Partnern hatte sich 1970 gegenüber 1960 verfünffacht.

Tab. 2.1: Eheschließungen

Jahr	Insgesamt	Zwischen Deutschen	Von oder mit ausländischen Partnern				
			zusammen	beide Ehepartner Ausländer		Frau Deutsche, Mann Ausländer	Mann Deutscher, Frau Ausländerin
				zusammen	dar. mit gleicher Staatsange-hörigkeit		
Früheres Bundesgebiet							
1960.............	521 445	500 362	21 083	1 625	998	15 600	3 858
1965.............	492 128	460 034	32 094	5 300	4 223	18 648	8 146
1970.............	444 510	411 514	32 996	8 199	6 749	14 645	10 152
1975.............	386 681	352 118	34 563	7 469	5 748	16 054	11 040
1980.............	362 408	327 023	35 385	7 374	5 753	18 927	9 084
1985.............	364 661	330 434	34 227	8 521	6 775	15 756	9 950
1990.............	414 475	367 936	46 539	6 755	3 175	22 031	17 753
1991.............	403 762	354 660	49 102	7 455	2 931	22 382	19 265
1992.............	405 196	351 647	53 549	8 531	3 154	23 099	21 919
1993.............	393 353	337 294	56 059	9 398	3 308	22 967	23 694
Neue Länder und Berlin-Ost							
1991.............	50 529	48 165	2 364	56	17	1 766	542
1992.............	48 232	45 208	3 024	98	...	2 057	869
1993.............	49 252	45 756	3 496	107	19	2 236	1 153
Deutschland							
1991.............	454 291	402 825	51 466	7 511	2 948	24 148	19 807
1992.............	453 428	396 855	56 573	8 629	...	25 156	22 788
1993.............	442 605	383 050	59 555	9 505	3 327	25 203	24 847

Zwischen 1970 und 1980 hat sich die absolute Zahl der Eheschließungen unter Beteiligung von ausländischen Partnern in nur geringem Maße von 33 000 auf 35 000 erhöht. Wegen der Verringerung der Gesamtzahl der Eheschließungen war ihr Anteil auf nunmehr fast 10 % gestiegen. In mehr als der Hälfte der Fälle hatten deutsche Frauen einen ausländischen Mann geheiratet. Von 1980 bis 1993 hat im früheren Bundesgebiet die Zahl der Eheschließungen von oder mit ausländischen Partnern um die Hälfte auf jetzt 56 000 zugenommen. Im früheren Bundesgebiet heirateten 1993 erstmals mehr deutsche Männer eine ausländische Frau als deutsche Frauen einen ausländischen Mann. In den neuen Ländern und Berlin-Ost ist – entsprechend des geringeren Anteils der ausländischen Bevölkerung – die Anzahl der Eheschließungen von Ausländerinnen und Ausländern und deren Anteil an allen Hochzeiten erheblich niedriger als im früheren Bundesgebiet.

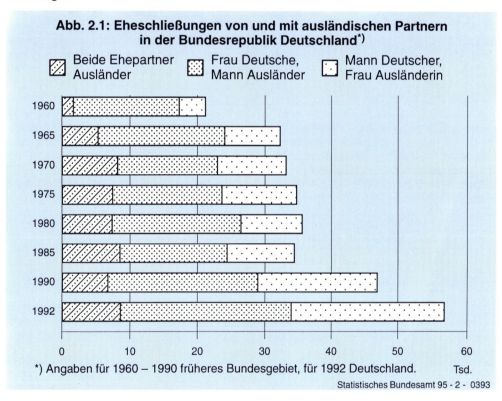

Abb. 2.1: Eheschließungen von und mit ausländischen Partnern in der Bundesrepublik Deutschland*)

Beide Ehepartner Ausländer | Frau Deutsche, Mann Ausländer | Mann Deutscher, Frau Ausländerin

*) Angaben für 1960 – 1990 früheres Bundesgebiet, für 1992 Deutschland. Tsd.

Statistisches Bundesamt 95 - 2 - 0393

2.2 Eheschließungen nach ausgewählten Staatsangehörigkeiten der Ehepartner

Von allen deutschen Frauen, die einen Ausländer heirateten, schlossen 1960 im früheren Bundesgebiet 39 % mit einem US-Amerikaner die Ehe, 1993 hingegen in Deutschland nur noch 7 %. Dagegen lag der Anteil der Eheschließungen zwischen einer deutschen Frau und einem türkischen Staatsangehörigen 1960 bei 0,5 % und 1993 bei 13 %. Den zweiten Platz nach den Türken nahmen 1993 Jugoslawen ein, gefolgt von Italienern, US-Amerikanern, Österreichern, Briten, Polen und Niederländern.

Deutsche Männer, die eine Ausländerin heirateten, schlossen 1960 im früheren Bundesgebiet hauptsächlich mit Österreicherinnen die Ehe. Später nahmen die Jugoslawinnen den ersten Platz ein. 1993 waren die weitaus meisten der Ausländerinnen, die einen Deutschen heirateten, Polinnen. Es folgten Frauen aus Thailand, aus Jugoslawien, aus Österreich, aus der Russischen Föderation und von den Philippinen.

Die Unterschiede in der Rangfolge lassen jedoch nicht ohne weiteres Schlüsse auf die Bevorzugung bestimmter Nationalitäten zu. Die Häufigkeit der Eheschließungen zwischen Deutschen und Ausländerinnen bzw. Ausländern bestimmter Nationalität wird wesentlich von der jeweiligen Anzahl der Ledigen, Verwitweten oder Geschiedenen unter den Angehörigen der in Deutschland vertretenen Nationalitäten beeinflußt.

Verglichen mit den Ehen zwischen ausländischen und deutschen Partnern spielen die Eheschließungen zwischen zwei ausländischen Partnern zahlenmäßig eine geringe Rolle. 1960 wurden 1 625 Fälle registriert; das waren lediglich knapp 8 % aller Eheschließungen von oder mit Ausländerinnen bzw. Ausländern. 1985 betrug dieser Anteil 25 % und 1993 17 %. Diese Abnahme von 1985 auf 1993 ist zum Teil dadurch bedingt, daß nicht mehr alle Eheschließungen zwischen ausländischen Staatsangehörigen gezählt werden, sondern nur noch die bei einem deutschen Standesamt geschlossenen Ehen. Dies folgt aus einer Neuregelung des Internationalen Privatrechts, wonach seit September 1986 in einem ausländischen Standesregister eingetragene Eheschließungen, die zum Beispiel vor dem Beamten oder der Beamtin eines ausländischen Konsulats in Deutschland geschlossen worden sind, nur noch auf Antrag der Ehegatten in deutsche Personenstandsregister übertragen werden. Zuvor war dies von Amts wegen geschehen. Bei den Eheschließungen ausländischer Paare standen 1960 Bürgerinnen und Bürger der USA, 1993 hingegen Italienerinnen und Italiener an erster Stelle.

Tab. 2.2: Eheschließungen nach ausgewählten Staatsangehörigkeiten der Ehepartner*)

Land	1960	1965	1970	1975	1980	1985	1990	1993
Deutsche Frau mit Mann nebenstehender Staatsangehörigkeit								
Frankreich	567	826	914	785	680	588	616	530
Griechenland	266	815	399	427	452	379	511	545
Großbritannien u. Nordirland	708	637	586	654	975	1 093	1 148	1 047
Italien	1 215	2 468	2 277	2 559	2 301	1 976	2 085	1 942
Jugoslawien[1]	331	532	629	1 288	958	803	1 524	1 970
Niederlande	1 086	1 244	1 182	968	863	746	866	799
Österreich	1 191	1 941	1 783	1 722	1 200	1 146	1 085	1 059
Philippinen	.	.	3	29	31	33	38	30
Polen	194	103	110	87	125	318	1 166	910
Russ. Föderation[2]	93	30	12	12	6	6	116	308
Spanien	198	562	335	507	492	413	492	451
Thailand	.	11	20	58	31	26	37	38
Türkei	71	471	404	605	3 339	1 315	2 767	3 170
Vereinigte Staaten	6 062	5 289	2 841	2 235	2 472	2 567	2 987	1 860

*) Bis 1990 früheres Bundesgebiet, 1993 Deutschland. – 1) Bis 1990 einschl. Kroatien, Slowenien und Bosnien-Herzegowina sowie der ehem. jugoslawischen Republik Mazedonien, die seit 1992 bzw. 1993 selbständige Staaten sind; 1993 ohne diese Staaten, aber einschl. nicht anders zuordenbarer Fälle aus dem ehem. Jugoslawien. – 2) Bis 1990 ehem. Sowjetunion.

Tab. 2.2: Eheschließungen nach ausgewählten Staatsangehörigkeiten
der Ehepartner*)

Land	1960	1965	1970	1975	1980	1985	1990	1993
Deutscher Mann mit Frau nebenstehender Staatsangehörigkeit								
Frankreich	235	522	773	775	606	550	596	556
Griechenland	25	337	266	309	256	210	290	300
Großbritannien u. Nordirland	99	186	346	390	381	333	354	349
Italien	239	473	457	531	487	576	836	884
Jugoslawien[1]	126	457	1 739	2 014	1 204	1 040	1 750	1 145
Niederlande	742	1 462	1 257	937	568	523	557	541
Österreich	1 087	1 865	1 568	1 424	969	1 019	1 091	1 127
Philippinen	.	-	12	86	424	1 036	1 155	1 042
Polen	58	123	118	164	293	695	3 193	4 527
Russ. Föderation[2]	22	17	13	6	8	11	431	1 122
Spanien	28	575	263	336	297	336	455	451
Thailand	.	-	4	36	248	388	982	1 468
Türkei	12	55	182	359	426	323	691	814
Vereinigte Staaten	97	154	297	391	317	422	443	562
Beide Ehepartner mit gemeinsamer nebenstehender Staatsangehörigkeit								
Frankreich	3	5	28	19	20	18	8	6
Griechenland	33	1 609	2 415	1 293	782	318	45	30
Großbritannien u. Nordirland	.	3	15	42	44	36	29	28
Italien	70	414	622	874	953	720	1 033	1 064
Jugoslawien[1]	65	323	1 363	923	516	389	215	1 001
Niederlande	37	40	67	47	34	28	33	28
Österreich	85	130	150	80	61	42	41	55
Philippinen	.	.	.	.	.	.	.	.
Polen	38	16	13	11	52	252	771	208
Russ. Föderation[2]	8	4	.	-	.	.	13	41
Spanien	44	809	645	695	239	174	24	13
Thailand	.	.	.	.	.	.	.	.
Türkei	-	.	170	801	2 417	4 025	276	454
Vereinigte Staaten	522	769	853	641	331	430	349	166

*) Bis 1990 früheres Bundesgebiet, 1993 Deutschland. – 1) Bis 1990 einschl. Kroatien, Slowenien und Bosnien-Herzegowina sowie der ehem. jugoslawischen Republik Mazedonien, die seit 1992 bzw. 1993 selbständige Staaten sind; 1993 ohne diese Staaten, aber einschl. nicht anders zuordenbarer Fälle aus dem ehem. Jugoslawien. – 2) Bis 1990 ehem. Sowjetunion.

2.3 Lebendgeborene mit einem oder zwei ausländischen Elternteilen sowie gestorbene Ausländerinnen und Ausländer

Im Jahr 1960 hatten von rund 969 000 Lebendgeborenen insgesamt etwa 12 000 oder 1,3 % einen ausländischen Vater und/oder eine ausländische Mutter. Bis 1975 stieg diese Zahl auf 119 000 oder 20 % an. Danach war ein Rückgang zu verzeichnen, der 1985 seinen Tiefpunkt erreichte und hauptsächlich auf der Abwanderung von Ausländerinnen und Ausländern beruhte. Inzwischen steigt die Zahl der Lebendgeborenen mit ausländischem Vater und/oder ausländischer Mutter wieder. 1993 betrug sie 141 000 im früheren Bundesgebiet und 145 000 in Deutschland; das waren 19,6 %

bzw. 18,2 % aller Lebendgeborenen. Zu beachten ist aber, daß seit dem 1. Januar 1975 nur ehelich geborene Kinder, bei denen beide Elternteile ausländischer Nationalität sind, nicht die deutsche Staatsangehörigkeit erwerben. Die Staatsangehörigkeit eines nichtehelich geborenen Kindes richtet sich zunächst nach der Nationalität der Mutter. Seit dem 1. Juli 1993 gelten aber auch nichtehelich geborene Kinder ausländischer Mütter als Deutsche, sobald eine wirksame Feststellung der Vaterschaft eines Deutschen vorliegt. Eine andere als die deutsche Staatsangehörigkeit hatten 1993 rund 100 000 Lebendgeborene im früheren Bundesgebiet bzw. 103 000 in Deutschland.

Tab. 2.3: Lebendgeborene nach Staatsangehörigkeit der Eltern sowie gestorbene Ausländerinnen und Ausländer

Jahr	Lebendgeborene							Gestorbene Ausländerinnen und Ausländer insgesamt[2]
	insgesamt	mit ausländischem Vater und/oder Mutter						
		zusammen	ehelich				nichtehelich	
			Eltern mit		Mutter Deutsche, Vater	Vater Deutscher, Mutter	Mutter	
			gleicher	verschiedener[1]				
			fremder Staatsangehörigkeit		mit fremder Staatsangehörigkeit			
Früheres Bundesgebiet								
1960............	968 629	12 308	3 060	743	6 639	1 167	699	3 593
1965............	1 044 328	41 121	21 198	1 294	13 104	3 263	2 262	5535
1970............	810 808	68 487	45 495	2 138	11 814	5 483	3 557	8005
1975............	600 512	118 665	87 325	4 529	11 931	10 861	4 019	8 991
1980............	620 657	108 936	68 456	8 227	15 828	12 413	3 922	8 511
1985............	586 155	82 344	41 892	7 770	16 985	11 609	4 088	7 694
1990............	727 199	122 761	65 559	13 547	20 724	15 717	7 214	9 482
1991............	722 250	127 015	65 201	16 030	20 724	16 789	8 271	10 297
1992............	720 794	137 010	68 797	19 598	20 869	18 178	9 568	10 882
1993............	717 915	140 933	67 962	21 638	20 860	19 728	10 745	11 523
Neue Länder und Berlin-Ost								
1991............	107 769	2 395	239	719	743	401	293	307
1992............	88 320	3 483	...	...	880	448	571	385
1993............	80 532	4 072	442	1 355	1 044	499	732	361
Deutschland								
1991............	830 019	129 410	65 440	16 749	21 467	17 190	8 564	10 604
1992............	809 114	140 493	...	...	21 749	18 626	10 139	11 267
1993............	798 447	145 005	68 404	22 993	21 904	20 227	11 477	11 884

1) Einschl. nicht aufgliederbarer Gruppen, Staatenloser, unbekanntes Ausland, ungeklärter Fälle sowie Fälle ohne Angabe. –
2) Ohne Totgeborene, nachträglich beurkundete Kriegssterbefälle und gerichtliche Todeserklärungen.

Wegen der geringen Anzahl älterer Personen unter der ausländischen Bevölkerung und der überdurchschnittlich hohen Zahl von Frauen im gebärfähigen Alter (verbunden mit relativ hoher Geburtenhäufigkeit) ist die Zahl der gestorbenen Ausländerinnen und Ausländer wesentlich niedriger als die Zahl der Lebendgeborenen. 1993 wurden 12 000 Sterbefälle von ausländischen Staatsangehörigen in Deutschland registriert gegenüber knapp 4 000 im Jahr 1960 im früheren Bundesgebiet.

Im Blickpunkt: Ausländische Bevölkerung in Deutschland

2.4 Ehelich Lebendgeborene nach ausgewählten Staatsangehörigkeiten der Eltern

Im Jahr 1993 hatten in 68 000 Fällen die Eltern der ehelich Lebendgeborenen die gleiche ausländische Staatsangehörigkeit. Davon waren 45 000 Kinder türkischer Eltern. Sie machten damit einen Anteil von zwei Dritteln aus. 1960 waren im früheren Bundesgebiet nur 46 Kinder türkischer Eltern geboren worden. Von den anderen Kindern ausländischer Ehepaare hatten die meisten Eltern mit jugoslawischer oder italienischer Staatsangehörigkeit.

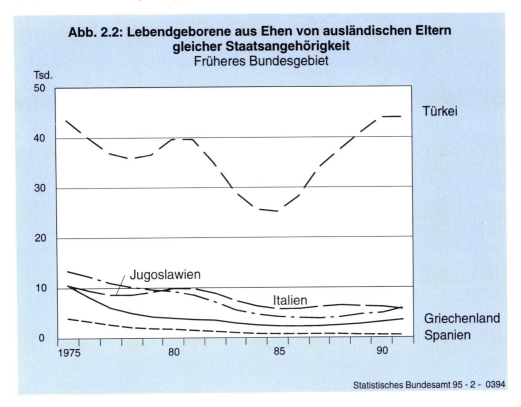

Abb. 2.2: Lebendgeborene aus Ehen von ausländischen Eltern gleicher Staatsangehörigkeit
Früheres Bundesgebiet

Statistisches Bundesamt 95 - 2 - 0394

1993 hatten 20 000 in Deutschland ehelich geborene Kinder einen deutschen Vater und eine ausländische Mutter. Wie bei den Eheschließungen nahmen hier Frauen mit polnischer Staatsangehörigkeit den ersten Platz ein. Es folgten Frauen aus Italien, Österreich und von den Philippinen sowie aus Jugoslawien und der Türkei.

Von den 22 000 im Jahr 1993 in Ehen eines ausländischen Mannes mit einer deutschen Frau geborenen Kindern hatten die meisten einen italienischen Vater. Auf weiteren vorderen Rängen fanden sich Väter mit türkischer, US-amerikanischer, britischer und österreichischer Staatsangehörigkeit. Die italienischen Väter nehmen seit 1965 den ersten Platz ein.

Die Geburtenzahl einer Bevölkerung ist abhängig von der Größe der Bevölkerung, ihrem Altersaufbau und von der altersspezifischen Geburtenhäufigkeit. Bei der ausländischen Bevölkerung im Bundesgebiet ist – wie bereits dargelegt wurde – der Anteil der Frauen im gebärfähigen Alter größer und derjenige älterer Personen wesentlich geringer als bei der deutschen Bevölkerung. Die Einflüsse der unterschiedlichen Altersstruktur können ausgeschaltet werden, wenn man für die deutsche und die ausländische Bevölkerung getrennt altersspezifische Geburtenziffern (Lebendgeborene von Müttern eines bestimmten Alters je 1 000 Frauen gleichen Alters) berechnet. Die Addition der einzelnen Ziffern ergibt die sogenannte „zusammengefaßte Geburtenziffer".

Danach würden bei Fortdauer des im Jahr 1990 beobachteten generativen Verhaltens und ohne Berücksichtigung der Sterblichkeit 1 000 deutsche Frauen während ihres Lebens im Durchschnitt etwa 1 400 Kinder, 1 000 ausländische Frauen in Deutschland dagegen 1 900 Kinder zur Welt bringen. Ausländische Frauen, die mit einem Deutschen verheiratet sind und deren Kinder die deutsche Staatsangehörigkeit haben, sind hier den deutschen Frauen zugeordnet.

Würde man, unabhängig von der Staatsangehörigkeit der Kinder, nur deutsche Frauen auf der einen und ausländische Frauen auf der anderen Seite betrachten, so wäre die „zusammengefaßte Geburtenziffer" für Ausländerinnen höher und für Deutsche niedriger als die genannten Werte. Bei beiden Betrachtungsweisen sind natürlich jene Kinder nicht mit einbezogen, die ausländische Frauen im Ausland geboren und später mit in die Bundesrepublik gebracht haben.

Tab. 2.4: Ehelich Lebendgeborene nach ausgewählten Staatsangehörigkeiten der Eltern*)

Land	1960	1965	1970	1975	1980	1985	1990	1993
Mutter Deutsche, Vater mit nebenstehender Staatsangehörigkeit								
Frankreich	231	391	502	611	684	633	711	597
Griechenland	148	776	657	434	505	510	680	736
Großbritannien u. Nordirland	182	332	320	493	928	1 085	1 464	1 328
Italien	726	2 809	2 682	2 463	3 199	2 968	3 262	2 844
Jugoslawien[1]	251	551	558	931	1 149	960	1 285	1 075
Niederlande	756	1 252	1 117	989	1 002	937	1 030	963
Österreich	714	1 593	1 663	1 627	1 526	1 332	1 262	1 103
Philippinen	.	3	.	9	27	37	39	33
Polen	299	148	61	56	89	255	797	832
Russ. Föderation[2]	132	39	4	12	10	10	76	307
Spanien	97	631	504	423	608	494	648	607
Thailand	.	8	.	40	31	32	31	31
Türkei	44	348	476	455	1 022	1 653	2 043	2 406
Vereinigte Staaten	412	677	564	599	1 191	1 509	1 737	1 653

*) Bis 1990 früheres Bundesgebiet, 1993 Deutschland. – 1) Bis 1990 einschl. Kroatien, Slowenien und Bosnien-Herzegowina sowie der ehem. jugoslawischen Republik Mazedonien, die seit 1992 bzw. 1993 selbständige Staaten sind; 1993 ohne diese Staaten, aber einschl. nicht anders zuordenbarer Fälle aus dem ehem. Jugoslawien. – 2) Bis 1990 ehem. Sowjetunion.

Im Blickpunkt: Ausländische Bevölkerung in Deutschland

Tab. 2.4: Ehelich Lebendgeborene nach ausgewählten Staatsangehörigkeiten der Eltern*)

Land	1960	1965	1970	1975	1980	1985	1990	1993
Vater Deutscher, Mutter mit nebenstehender Staatsangehörigkeit								
Frankreich	132	228	431	843	1 055	919	824	782
Griechenland	10	118	161	307	329	264	342	343
Großbritannien u. Nordirland	62	118	227	478	654	569	603	544
Italien........................	66	236	263	524	620	701	996	1 101
Jugoslawien[1)	24	83	588	1 542	1 305	917	1 220	850
Niederlande..............	163	543	913	1 245	1 197	899	859	748
Österreich.................	178	547	817	1 337	1 320	1 091	1 153	1 067
Philippinen................	.	.	.	41	421	789	1 119	971
Polen	13	9	28	139	335	589	1 668	3 201
Russ. Föderation[2).....	8	6	7	25	43	43	150	481
Spanien	39	300	274	416	460	473	590	618
Thailand....................	.	.	.	29	193	221	538	709
Türkei	.	22	90	203	314	338	529	850
Vereinigte Staaten	59	107	190	324	427	505	556	665
Beide Elternteile mit gemeinsamer nebenstehender Staatsangehörigkeit								
Frankreich	171	182	218	204	241	212	228	215
Griechenland	157	6 759	9 362	10 557	3 904	2 255	3 124	3 833
Großbritannien u. Nordirland	101	123	102	263	385	368	449	391
Italien........................	541	5 487	9 764	10 518	9 871	5 677	6 096	5 180
Jugoslawien[1)	222	697	6 196	13 389	9 287	4 139	4 870	8 746
Niederlande..............	509	500	441	402	314	235	394	288
Österreich.................	376	490	511	520	383	232	218	144
Philippinen................	.	.	.	.	.	.	.	.
Polen	161	40	16	24	86	473	2 271	844
Russ. Föderation[2).....	53	15	5	7	8	3	287	450
Spanien	117	4 390	4 166	3 925	1 723	707	495	400
Thailand....................	.	.	.	.	.	.	.	.
Türkei	46	1 714	12 748	43 498	39 658	25 171	43 921	44 956
Vereinigte Staaten	183	249	278	319	527	978	875	690

*) Bis 1990 früheres Bundesgebiet, 1993 Deutschland. – 1) Bis 1990 einschl. Kroatien, Slowenien und Bosnien-Herzegowina sowie der ehem. jugoslawischen Republik Mazedonien, die seit 1992 bzw. 1993 selbständige Staaten sind; 1993 ohne diese Staaten, aber einschl. nicht anders zuordenbarer Fälle aus dem ehem. Jugoslawien. – 2) Bis 1990 ehem. Sowjetunion.

3 Wanderungen

3 Wanderungen

Nach dem Rückgang der Zuzüge aus der ehemaligen DDR und Berlin (Ost) ab 1961 kam der Beschäftigung ausländischer Arbeitnehmerinnen und Arbeitnehmer und damit auch den Wanderungen von Ausländerinnen und Ausländern zwischen dem früheren Bundesgebiet und dem Ausland eine immer größere Bedeutung zu. In den 60er Jahren spiegelte die Entwicklung der Zu- und Fortzüge von ausländischen Staatsangehörigen über die Bundesgrenzen in etwa den Konjunkturverlauf in Deutschland wider. Seit Mitte der 70er Jahre wird das Wanderungsverhalten jedoch zunehmend von konjunkturunabhängigen Faktoren bestimmt. Zu nennen ist hier zunächst der Nachzug von Familienangehörigen ausländischer Arbeitnehmerinnen und Arbeitnehmer. Weitere, konjunkturunabhängige Faktoren, die die Zuwanderung verstärken, sind die politische und die wirtschaftliche Situation in den Herkunftsländern. Auf den Umfang der Zu- und Abwanderung ausländischer Bürgerinnen und Bürger wirken sich ferner Maßnahmen der Bundesregierung zur Steuerung der Wanderungsströme aus. Von besonderer Bedeutung sind in diesem Zusammenhang neben dem Anwerbestopp von 1973 das Rückkehrhilfegesetz von 1984 sowie asylrechtliche Maßnahmen.

3.1 Wanderungen von Ausländerinnen und Ausländern über die Bundesgrenzen insgesamt

Die seit 1968 verzeichneten Salden aus den Wanderungen von Ausländerinnen und Ausländern über die Bundesgrenzen sind die Ergebnisse relativ hoher Zahlen von Zu-

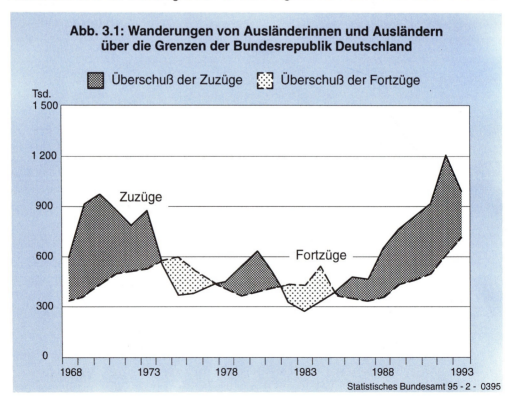

Abb. 3.1: Wanderungen von Ausländerinnen und Ausländern über die Grenzen der Bundesrepublik Deutschland

Statistisches Bundesamt 95 - 2 - 0395

Im Blickpunkt: Ausländische Bevölkerung in Deutschland

und Fortzügen. Dabei ist hervorzuheben, daß der Saldo mehrfach das Vorzeichen wechselte, was phasenweise geschah (siehe Abb. 3.1).

Im Jahre 1967 waren als Folge der starken Abschwächung der wirtschaftlichen Entwicklung im früheren Bundesgebiet nahezu 200 000 Menschen mehr in ihre Heimat zurückgekehrt als in die Bundesrepublik Deutschland eingereist. Der Anfang 1968 einsetzende wirtschaftliche Aufschwung führte zu einer Steigerung der Zuzüge ausländischer Arbeitnehmerinnen und Arbeitnehmer. Die Zahl der Zuzüge von ausländischen Bürgerinnen und Bürgern stieg in den beiden folgenden Jahren von 590 000 (1968) auf 976 000 (1970) an, was einer Zunahme um 66 % entsprach. Im gleichen Zeitraum erhöhte sich die Zahl der Fortzüge nur um 31 % auf 435 000. Daraus ergab sich in diesem Zeitabschnitt ein Zuwanderungsüberschuß von 542 000 Personen.

Tab. 3.1: Wanderungen von Ausländerinnen und Ausländern zwischen der Bundesrepublik Deutschland und dem Ausland*)

1 000

Jahr	Zuzüge		Fortzüge		Saldo
	insgesamt	dar. männlich	insgesamt	dar. männlich	insgesamt
1968	589,6	389,1	332,6	228,7	+ 256,9
1969	909,6	620,7	368,7	258,9	+ 540,9
1970	976,2	668,3	434,7	310,3	+ 541,6
1971	870,7	578,6	500,3	359,2	+ 370,5
1972	787,1	497,3	514,5	358,8	+ 272,6
1973	869,1	554,7	526,8	357,6	+ 342,3
1974	538,6	299,4	580,4	385,4	- 41,8
1975	366,1	197,4	600,1	375,9	- 234,0
1976	387,3	214,4	515,4	309,1	- 128,1
1977	422,8	238,0	452,1	266,6	- 29,2
1978	456,1	266,4	405,7	241,6	+ 50,4
1979	545,2	337,6	366,0	221,0	+ 179,2
1980	631,4	403,1	385,8	243,4	+ 245,6
1981	501,1	300,9	415,5	264,1	+ 85,6
1982	321,7	185,0	433,3	274,5	- 111,6
1983	273,3	153,3	424,9	256,6	- 151,7
1984	331,1	184,2	545,1	314,1	- 213,9
1985	398,2	227,6	366,7	213,1	+ 31,5
1986	478,3	271,5	347,8	201,1	+ 130,6
1987	472,3	255,9	334,0	191,0	+ 138,4
1988	647,5	351,7	358,9	204,4	+ 288,6
1989	766,9	427,8	438,1	251,4	+ 328,9
1990	835,7	486,3	465,5	273,3	+ 370,2
1991	920,5	565,9	497,5	321,7	+ 423,0
1992	1 207,6	771,4	614,7	407,5	+ 592,9
1993[1])	986,9	629,4	710,2	498,8	+ 276,6

*) Ohne Herkunfts- bzw. Zielgebiet „ungeklärt und ohne Angabe". Bis einschl. 1990 Angaben für das frühere Bundesgebiet, ab 1991 Angaben für Deutschland. – 1) Vorläufiges Ergebnis.

In den Jahren 1971 und 1972 verringerte sich dann die Zahl der Zuzüge, stieg aber 1973 noch einmal an. Als Folge des im November 1973 erlassenen Anwerbestopps gingen die Zuzüge von Ausländerinnen und Ausländern in den Jahren 1974 und 1975 drastisch zurück. Gleichzeitig stieg die Zahl der Fortzüge stärker an. Diese Entwicklung führte 1974 zu einem Abwanderungsüberschuß, der sich 1975 erheblich vergrößerte.

In den Jahren 1976 bis 1980 stieg die Zahl der Zuzüge – bedingt durch den verstärkten Familiennachzug und die Einreise von Asylbewerberinnen und Asylbewerbern – wieder an. Die Fortzüge gingen dagegen im Zeitraum 1976/79 zurück, so daß 1978 im früheren Bundesgebiet erstmals wieder eine positive Außenwanderungsbilanz nachgewiesen wurde.

Anfang der 80er Jahre führten asylrechtliche Maßnahmen der Bundesregierung zu einem vorübergehenden Rückgang der Zahl der Asylanträge. Da sich zu jenem Zeitpunkt auch der Nachzug von Familienangehörigen verringerte, andererseits aber für kurze Zeit die Abwanderung von Ausländern verstärkte, schlug der bis 1981 bestehende Zuwanderungsüberschuß 1982 wieder in einen Abwanderungsüberschuß um. Bis 1984 hatte sich dieser fast verdoppelt; zurückzuführen war dies auf den Anstieg der Fortzüge von ausländischen Bürgern und Bürgerinnen auf 545 000 im Jahre 1984 als Folge des Rückkehrhilfegesetzes.

Zwischen 1984 und 1992 – das Jahr 1987 ausgenommen – nahm die Zahl der Zuzüge von Ausländerinnen und Ausländern wieder zu. Dies hing auch mit dem erneuten Anstieg der Zahl der Asylsuchenden zusammen. Die Fortzüge gingen hingegen im Zeitraum 1985/87 zurück. Seitdem ist Jahr für Jahr ein Anstieg der Fortzüge zu beobachten. Im Zeitraum 1988/92 war die Zunahme der Fortzüge jedoch nicht so stark wie die der Zuzüge. Dadurch ergab sich für diese Zeit ein gegenüber dem Vorjahr jeweils höherer Zuwanderungsüberschuß.

Im Jahr 1993 war die Zahl der Zuzüge auch als Folge der am 1. Juli 1993 in Kraft getretenen neuen asylverfahrensrechtlichen Regelungen – erstmals wieder rückläufig. Der für jenes Jahr festgestellte Zuwanderungsüberschuß war mit 277 000 Personen nur noch halb so hoch wie 1992 (593 000).

Auf die Zahl der Zuzüge von ausländischen Bürgerinnen und Bürgern wirkt sich – wie bereits erwähnt – auch die Einreise von Angehörigen zum Zwecke der Familienzusammenführung aus. Am stärksten war dies in den ersten Jahren nach Erlaß des Anwerbestopps der Fall. Die Frage nach dem zahlenmäßigen Ausmaß der Einreise von Familienangehörigen kann von der amtlichen Statistik jedoch nicht direkt beantwortet werden. Gewisse Rückschlüsse auf das Ausmaß von Familienzusammenführungen lassen die nach Geschlecht, Alter und Familienstand gegliederten Zahlen über die Zuzüge zu. Hierzu wird die Zahl der Zuzüge von – insbesondere verheirateten – Ausländerinnen sowie von ausländischen Kindern und Jugendlichen betrachtet.

Der Anteil der Frauen an der aus dem Ausland zugezogenen ausländischen Bevölkerung betrug 1968 34 %. Er stieg bis 1975 auf 46 %. Auch in den Zeiträumen 1976/78 und 1981/90 lag er jeweils über 40 %. In den Jahren 1979 und 1980 sowie seit 1991 bis 1993 lag der Anteil der Frauen hingegen jeweils unter 40 %.

Tab. 3.2: Wanderungen von Ausländerinnen und Ausländern zwischen der Bundesrepublik Deutschland und dem Ausland nach Altersgruppen

3.2.1 Zuzüge
1 000

Jahr	Insgesamt	Davon im Alter von ... bis unter ... Jahren				
		unter 18	18 - 25	25 - 40	40 - 65	65 und mehr
Früheres Bundesgebiet						
1968	589,6	89,2	168,0	243,3	81,7	7,2
1969	909,6	123,6	262,1	404,1	111,8	8,0
1970	976,2	153,6	285,8	411,8	117,2	7,7
1971	870,7	174,3	249,0	335,5	104,2	7,8
1972	787,1	181,0	224,6	282,9	90,2	8,4
1973	869,1	200,6	250,2	318,8	90,7	8,9
1974	538,6	193,6	129,8	147,1	59,3	8,9
1975[1)	366,9	133,8	82,6	96,7	44,6	9,2
1976[1)	387,8	134,9	93,8	101,7	47,4	10,0
1977	422,8	142,4	107,3	112,1	50,6	10,5
1978	456,1	148,7	116,1	125,0	55,1	11,3
1979	545,2	173,0	143,5	151,4	64,9	12,4
1980	631,4	185,1	169,6	187,3	76,0	13,5
1981	501,1	127,0	127,6	159,4	74,3	12,8
1982	321,7	72,5	82,8	102,2	52,3	11,9
1983	273,3	54,5	68,0	88,9	50,9	10,9
1984	331,1	63,4	80,8	112,8	61,9	12,2
1985	398,2	84,5	97,4	137,3	66,1	13,0
1986	478,3	109,5	114,5	163,6	76,2	14,5
1987	472,3	105,9	106,2	159,1	84,9	16,2
1988[2)	648,6	151,5	135,3	225,2	116,2	20,4
1989	766,9	169,6	160,0	270,0	143,6	23,7
1990[1) 2)	845,6	178,1	184,9	303,1	155,0	24,4
Deutschland						
1991	920,5	188,5	216,8	346,2	148,9	20,1
1992	1 207,6	233,6	293,6	467,4	192,1	20,9
1993	986,9	174,7	238,1	392,3	162,6	19,2

1) Einschl. Herkunfts- bzw. Zielgebiet „ungeklärt und ohne Angabe". – 2) Wanderungen über die Grenzen des früheren Bundesgebietes, sie schließen die Wanderung zwischen dem früheren Bundesgebiet und der ehem. DDR einschl. Berlin (Ost) ein.

3.2 Wanderungen von Ausländerinnen und Ausländern über die Bundesgrenzen nach Altersgruppen

Im Jahr 1969 waren 14 % aller zugezogenen Ausländerinnen und Ausländer unter 18 Jahre alt. Bis 1973 erhöhte sich dieser Anteil auf 23 %. Dies läßt den Schluß zu, daß der Familiennachzug bereits einige Jahre vor Erlaß des Anwerbestopps einsetzte. In den Jahren 1974 bis 1976 ging neben der Gesamtzahl der Zuzüge auch diejenige unter 18jähriger zurück; der Anteil dieser Altersgruppe an allen Zugezogenen stieg jedoch bis auf knapp 37 % im Jahre 1975. Damit hatte der Zuzug ausländischer Kinder und

Tab. 3.2: Wanderungen von Ausländerinnen und Ausländern zwischen der Bundesrepublik Deutschland und dem Ausland nach Altersgruppen

3.2.2 Fortzüge

1 000

Jahr	Insgesamt	Davon im Alter von ... bis unter ... Jahren				
		unter 18	18 - 25	25 - 40	40 - 65	65 und mehr
Früheres Bundesgebiet						
1968.............	332,6	47,3	75,3	145,1	59,6	5,3
1969.............	368,7	50,8	93,3	155,4	63,8	5,4
1970.............	434,7	60,6	112,8	183,8	72,2	5,3
1971.............	500,3	77,2	125,5	210,5	81,6	5,5
1972.............	514,5	96,5	120,4	207,4	83,8	6,3
1973.............	526,8	114,3	117,3	202,3	85,8	7,2
1974.............	580,4	131,2	117,9	225,0	98,1	8,2
1975[1].............	600,3	157,5	101,5	229,8	101,8	9,6
1976[1].............	515,5	153,3	78,5	183,8	90,0	10,0
1977.............	452,1	144,5	70,2	148,3	78,6	10,4
1978.............	405,7	114,3	69,5	135,8	74,9	11,3
1979.............	366,0	95,3	72,6	118,9	67,5	11,7
1980.............	385,8	84,0	84,7	132,9	72,1	12,2
1981.............	415,5	84,7	89,1	148,6	80,4	12,7
1982.............	433,3	101,1	84,3	154,1	81,7	12,0
1983.............	424,9	108,2	72,4	143,2	88,8	12,3
1984.............	545,1	145,5	73,3	168,9	144,3	13,0
1985.............	366,7	76,9	65,4	125,3	85,9	13,2
1986.............	347,8	66,7	66,1	119,4	81,8	13,8
1987.............	334,0	59,5	62,2	116,2	81,3	14,8
1988[2].............	359,1	59,7	62,1	127,8	92,5	16,9
1989.............	438,1	72,3	73,7	159,5	113,2	19,5
1990[1) 2].........	467,7	79,2	81,6	170,4	117,0	19,6
Deutschland						
1991.............	497,5	71,9	94,3	203,2	112,6	15,6
1992.............	614,7	96,8	116,5	248,8	135,7	17,0
1993.............	710,2	96,2	137,9	303,1	158,0	15,0

1) Einschl. Herkunfts- bzw. Zielgebiet „ungeklärt und ohne Angabe". – 2) Wanderungen über die Grenzen des früheren
Bundesgebietes, sie schließen die Wanderung zwischen dem früheren Bundesgebiet und der ehem. DDR einschl. Berlin (Ost)
ein.

Jugendlicher der relativen Zahl nach zugleich seinen Höhepunkt erreicht. 1980 sank ihr
Anteil unter die 30-Prozent-Marke. In drei Jahren des Zeitraums 1981/93, und zwar 1984,
1992 und 1993 betrug der Anteil der unter 18jährigen unter den zugezogenen Ausländerinnen und Ausländern sogar weniger als 20 %. Hier spiegelt sich ganz offensichtlich
die allmähliche Abnahme des Nachzugspotentials wider.

Relativ geringe Schwankungen zeigen sich hinsichtlich des Anteils 18- bis unter
25jähriger Ausländerinnen und Ausländer an den Zuzügen; im Zeitraum 1968/93
bewegte er sich zwischen 21 % (1988 und 1989) und 29 % (1970).

Von allen zugezogenen Ausländerinnen und Ausländern waren 1969 rund 44 % im Alter von 25 bis unter 40 Jahren. Bereits ab 1970 war dieser Anteil dann rückläufig; mit jeweils 26 % erreichte er als Folge des Anwerbestopps 1975 und 1976 seinen tiefsten Stand. Seitdem ist wieder ein Anstieg zu beobachten. Im Jahr 1981 überschritt der Anteil 25- bis unter 40jähriger an allen Zuzügen von Ausländerinnen und Ausländern wieder die 30-Prozent-Marke, und 1993 lag er bei 40 %.

Die Zahl der im Alter von 65 und mehr Jahren jährlich in die Bundesrepublik Deutschland einreisenden ausländischen Staatsangehörigen ist sehr klein. Im Zeitraum 1968/93 lag der Anteil dieser Altersgruppe an allen Zuzügen von ausländischen Personen nur zwischen 0,8 % (1970) und 4,0 % (1983).

Tab. 3.3: Wanderungen von Ausländerinnen und Ausländern zwischen der Bundesrepublik Deutschland und dem Ausland nach dem Familienstand

3.3.1 Zuzüge
1 000

Jahr	Insgesamt	Ledig		Verheiratet		Verwitwet/Geschieden	
		zusammen	dar. männlich	zusammen	dar. männlich	zusammen	dar. männlich
Früheres Bundesgebiet							
1968	589,6	274,0	180,5	298,6	204,0	16,9	4,6
1969	909,6	399,1	270,1	488,0	344,0	22,4	6,6
1970	976,2	438,4	301,6	516,3	360,1	21,5	6,6
1971	870,7	414,5	281,5	436,6	290,9	19,6	6,3
1972	787,1	391,8	259,0	375,6	232,5	19,8	5,9
1973	869,1	430,5	286,3	417,6	262,1	21,0	6,3
1974	538,6	312,4	192,6	209,4	102,0	16,8	4,8
1975[1)	366,9	218,6	130,8	133,0	63,3	15,3	4,0
1976[1)	387,8	230,5	142,9	140,5	67,3	16,8	4,6
1977	422,8	252,9	158,8	152,4	74,2	17,5	5,0
1978	456,1	274,9	177,2	162,6	83,9	18,6	5,3
1979	545,2	331,0	222,5	192,1	107,9	22,1	7,2
1980	631,4	379,8	260,6	227,3	134,4	24,3	8,1
1981	501,1	286,0	184,4	191,5	109,1	23,6	7,5
1982	321,7	180,8	112,5	121,8	66,7	19,0	5,8
1983	273,3	146,6	88,7	107,7	58,7	19,0	5,9
1984	331,1	175,2	104,6	133,2	72,7	22,7	6,8
1985	398,2	221,9	137,7	153,7	83,0	22,6	6,9
1986	478,3	267,5	166,7	185,5	97,1	25,3	7,6
1987	472,3	245,8	143,3	198,8	104,4	27,7	8,2
1988[2)	648,6	324,2	188,5	287,8	153,1	36,5	10,8
1989	766,9	375,9	221,8	348,3	191,6	42,8	14,4
1990[1) 2)	845,6	429,4	263,5	372,2	214,9	44,0	13,8
Deutschland							
1991	920,5	479,8	301,6	399,0	249,6	41,6	14,7
1992	1 207,6	636,6	412,7	522,1	340,4	47,4	17,3
1993	986,9	526,1	343,7	419,4	270,4	39,6	13,9

1) Einschl. Herkunfts- bzw. Zielgebiet „ungeklärt und ohne Angabe". – 2) Wanderungen über die Grenzen des früheren Bundesgebietes, sie schließen die Wanderung zwischen dem früheren Bundesgebiet und der ehem. DDR einschl. Berlin (Ost) ein.

Tab. 3.3: Wanderungen von Ausländerinnen und Ausländern zwischen der Bundesrepublik Deutschland und dem Ausland nach dem Familienstand

3.3.2 Fortzüge

1 000

Jahr	Insgesamt	Ledig		Verheiratet		Verwitwet/Geschieden	
		zusammen	dar. männlich	zusammen	dar. männlich	zusammen	dar. männlich
Früheres Bundesgebiet							
1968..............	332,6	156,0	106,8	166,8	119,1	9,8	2,9
1969..............	368,7	172,3	120,3	185,6	135,3	10,7	3,4
1970..............	434,7	202,8	143,3	220,6	163,3	11,3	3,6
1971..............	500,3	232,4	165,8	255,5	189,2	12,4	4,2
1972..............	514,5	248,5	172,8	252,4	181,4	13,6	4,6
1973..............	526,8	263,0	179,8	249,0	173,0	14,8	4,8
1974..............	580,4	280,7	188,9	283,6	191,2	16,1	5,3
1975[1].............	600,3	287,6	184,4	295,2	186,4	17,4	5,3
1976[1].............	515,5	262,5	162,7	235,5	141,3	17,4	5,1
1977..............	452,1	243,8	150,5	191,3	111,0	17,0	5,1
1978..............	405,7	218,9	136,9	169,5	99,5	17,3	5,2
1979..............	366,0	198,4	126,4	149,9	89,2	17,7	5,4
1980..............	385,8	203,3	133,5	164,4	104,1	18,1	5,8
1981..............	415,5	214,6	140,6	181,1	117,0	19,8	6,5
1982..............	433,3	227,7	148,4	186,1	119,3	19,5	6,8
1983..............	424,9	221,3	139,0	182,5	110,1	21,1	7,4
1984..............	545,1	259,9	151,4	261,6	154,8	23,6	7,9
1985..............	366,7	185,3	112,4	160,8	93,6	20,7	7,1
1986..............	347,8	178,4	108,2	148,7	86,2	20,7	6,7
1987..............	334,0	165,8	98,7	146,9	85,7	21,3	6,6
1988[2].............	359,1	167,6	98,0	167,5	99,1	24,0	7,4
1989..............	438,1	198,3	116,2	210,1	124,5	29,6	10,8
1990[1][2]........	467,7	215,3	130,1	220,3	133,2	32,2	11,4
Deutschland							
1991..............	497,5	252,7	163,5	214,3	144,7	30,5	13,5
1992..............	614,7	301,9	195,3	279,2	197,0	27,4	10,8
1993..............	710,2	351,2	241,4	328,1	242,3	27,3	12,3

1) Einschl. Herkunfts- bzw. Zielgebiet „ungeklärt und ohne Angabe". – 2) Wanderungen über die Grenzen des früheren Bundesgebietes, sie schließen die Wanderung zwischen dem früheren Bundesgebiet und der ehem. DDR einschl. Berlin (Ost) ein.

Von den über die Bundesgrenzen fortgezogenen ausländischen Bürgerinnen und Bürgern waren zwischen 1968 und 1972 jeweils mehr als 40 % 25 bis unter 40 Jahre alt. Danach ging dieser Anteil langsam zurück. Bei den unter 18jährigen Ausländerinnen und Ausländern verlief die Entwicklung hingegen umgekehrt. Ihr Anteil an allen Fortzügen, der 1971 nur 15 % betragen hat, verdoppelte sich 1976. Im Jahr 1977 war jeweils etwa ein Drittel aller Fortgezogenen unter 18 sowie 25 bis unter 40 Jahre alt. Seitdem kehren anteilmäßig Jahr für Jahr wieder weitaus mehr 25- bis unter 40jährige (1993: 43 %) als unter 18jährige Ausländerinnen und Ausländer (1993: 14 %) in ihre Heimat zurück. Ganz allgemein kann gesagt werden, daß die fortziehenden ausländischen Staatsangehörigen im Durchschnitt älter sind als die zuziehenden.

3.3 Wanderungen von Ausländerinnen und Ausländern über die Bundesgrenzen nach dem Familienstand

Die seit Ende der 60er Jahre in der Altersstruktur der aus dem Ausland zu- bzw. nach dort fortgezogenen ausländischen Bevölkerung eingetretenen Veränderungen haben sich auch erheblich auf die Gliederung der Zu- und Fortzüge dieses Personenkreises nach dem Familienstand ausgewirkt. So stieg im Zeitraum 1968/79 der Anteil der Ledigen an den zugezogenen Ausländerinnen und Ausländern von 46 auf 61 %, während derjenige der Verheirateten von 51 auf 35 % sank. Bis 1984 verlief die Entwicklung dann umgekehrt. Seitdem weisen beide Familienstandsquoten leichte Schwankungen nach oben und unten auf. Es bleibt aber festzuhalten, daß zwischen 1972 und 1991 anteilmäßig Jahr für Jahr mehr Ledige als Verheiratete in die Bundes- republik Deutschland eingereist sind.

Bei den verheirateten ausländischen Staatsangehörigen überwogen zwischen 1968 und 1973 und dann wieder seit 1978 die Zuzüge von Männern. Lediglich im Zeitraum 1974/77 zogen – hauptsächlich als Folge des Familiennachzugs – anteilmäßig mehr verheiratete Frauen als Männer zu.

Bei den Fortzügen über die Bundesgrenzen dominierten bis 1972 die Fortzüge von Verheirateten. Seitdem sind in den meisten Jahren anteilmäßig mehr Ledige als Verheiratete in ihre Heimat zurückgekehrt. Bei den Fortzügen Verheirateter überwogen seit 1968 Jahr für Jahr diejenigen von Männern.

3.4 Herkunfts- und Zielländer

Die Gliederung der Zu- bzw. Fortzüge von Ausländerinnen und Ausländern nach Herkunfts- bzw. Zielländern hat sich in den vergangenen 25 Jahren teilweise beträcht- lich verändert. Im Zeitraum 1968/73 dominierten die Zuzüge von ausländischen Arbeit- nehmerinnen und Arbeitnehmern und deren Familienangehörigen aus den EU-Staaten, aus der Türkei und aus dem ehemaligen Jugoslawien. Der auf die Mitgliedsländer der EU sowie auf das ehemalige Jugoslawien entfallende Anteil war allerdings bereits seit 1969 bzw. 1971 rückläufig. Die Zuwanderung aus außereuropäischen Ländern spielte bis etwa Mitte der 70er Jahre nur eine untergeordnete Rolle.

Zwischen 1973 und 1980 setzte sich der Rückgang des auf die EU-Staaten entfallen- den Anteils an allen Zuzügen fort. Hinsichtlich der Zuwanderung aus der Türkei verlief die Entwicklung hingegen, von kleinen Schwankungen abgesehen, umgekehrt. Im Jahr 1980 zogen anteilmäßig mehr Bürgerinnen und Bürger aus der Türkei als aus einem EU-Mitgliedstaat zu. Bei den Zuzügen aus dem ehemaligen Jugoslawien setzte sich der seit 1971 zu beobachtende Rückgang fort. 1980 machten sie nur noch 7 % aller Zuzüge aus dem Ausland aus gegenüber 24 % zehn Jahre zuvor. Dies läßt darauf schließen, daß der Familiennachzug bei Männern und Frauen mit ehemals jugoslawi- scher Staatsangehörigkeit eine wesentlich geringere Rolle spielte als bei türkischen Staatsangehörigen.

Nach 1980 wechselten die Herkunftsländer, da diese in erheblichem Maße von Asyl- suchenden bestimmt wurden. Dies erklärt die starke Zunahme des Anteils der Zuzüge aus außereuropäischen (insbesondere asiatischen) Staaten bis auf 33 % im Jahr 1986. Nach 1985 vollzogen sich allerdings bemerkenswerte Veränderungen in Bezug auf die Nationalitäten der asylsuchenden Männer und Frauen. Besaßen beispielsweise von den 1985 in das Bundesgebiet eingereisten Asylsuchenden noch 60 % die Staatsangehörigkeit eines asiatischen Landes und lediglich 25 % diejenige eines europäischen Staates, so hat sich dieses Zahlenverhältnis seit 1987 umgekehrt. Erkennbar ist das beispielsweise an der Entwicklung der Zuzüge aus Polen; 1980 hatte der auf dieses Land entfallende Anteil nur 7 % betragen, 1988 und 1989 machten die Zuzüge aus Polen hingegen fast bzw. mehr als ein Drittel aller Zuzüge aus. Die für die Jahre 1991 bis 1993 registrierten hohen Anteile der Zuzüge aus dem ehemaligen Jugoslawien (1992: 32 %) sind ebenfalls auf die Einreise Asylsuchender und darüber hinaus auf die Aufnahme von Bürgerkriegsflüchtlingen zurückzuführen.

Tab. 3.4: Wanderungen von Ausländerinnen und Ausländern zwischen der Bundesrepublik Deutschland und dem Ausland nach ausgewählten Herkunfts- und Zielländern*)

1 000

Jahr	Herkunftsland						
	Europäisches Ausland					Außereuropäisches Ausland	
	insgesamt	darunter				insgesamt	dar. Asien
		EU-Staaten[1]	Türkei	Jugoslawien[2]	Polen		
Zuzüge							
1968..............	550,5	313,0	79,7	95,3	1,8	39,0	10,1
1969..............	861,1	395,3	151,1	220,5	2,3	48,3	12,8
1970..............	913,3	412,2	177,0	238,5	3,2	62,8	18,5
1971..............	799,7	367,7	187,0	159,4	5,4	70,8	22,5
1972..............	718,4	319,7	185,0	134,1	8,2	68,3	20,4
1973..............	802,4	325,5	250,0	151,2	11,2	66,5	22,0
1974..............	475,5	184,7	160,8	72,3	11,2	62,9	26,6
1975..............	310,9	117,5	98,6	45,6	14,8	55,0	22,9
1976..............	328,9	128,6	105,8	40,7	18,1	58,2	25,4
1977..............	357,2	143,4	114,5	41,9	20,4	65,5	30,9
1978..............	380,7	146,9	131,0	38,5	23,9	75,2	39,3
1979..............	448,5	159,3	171,9	40,6	27,7	96,4	56,4
1980..............	520,0	165,2	212,3	41,9	42,0	110,9	63,4
1981..............	407,1	141,9	84,1	33,9	92,7	93,7	49,6
1982..............	245,4	97,3	42,7	22,2	37,1	76,1	37,3
1983..............	203,8	80,4	27,8	17,2	38,8	69,3	33,0
1984..............	244,8	83,0	34,1	19,4	67,8	86,1	46,4
1985..............	270,9	86,7	47,5	22,5	72,2	126,7	80,4
1986..............	318,6	101,4	62,2	26,1	83,7	156,9	105,6
1987..............	377,9	105,8	66,2	34,0	117,5	92,6	48,9
1988..............	537,0	121,7	78,4	55,8	207,8	108,7	60,1
1989..............	634,1	122,4	85,7	61,5	260,3	130,6	71,5
1990..............	656,5	118,8	83,6	65,2	200,9	175,9	102,2
1991..............	755,1	128,2	81,9	221,0	128,4	162,3	78,8
1992..............	1 017,9	120,8	80,6	382,8	131,7	186,3	80,5
1993..............	822,8	117,8	67,8	277,5	75,2	160,5	75,4

*) Bis einschl. 1990 Angaben für das frühere Bundesgebiet, ab 1991 Angaben für Deutschland. – 1) Einschl. Griechenland, Portugal und Spanien, die seit 1.1.1981 (Griechenland) bzw. 1.1.1986 (Portugal und Spanien) Mitglied der Europäischen Union sind. - Ohne Finnland, Österreich und Schweden, die seit dem 1.1.1995 Vollmitglied der Europäischen Union sind. – 2) Einschl. Kroatien, Slowenien und Bosnien-Herzegowina sowie der ehem. jugoslawischen Republik Mazedonien, die seit 1992 bzw. 1993 selbständige Staaten sind.

Im Blickpunkt: Ausländische Bevölkerung in Deutschland

Tab. 3.4: Wanderungen von Ausländerinnen und Ausländern zwischen der Bundesrepublik Deutschland und dem Ausland nach ausgewählten Herkunfts- und
Zielländern*)

1 000

Jahr	Zielland						
	Europäisches Ausland					Außereuropäisches Ausland	
	insgesamt	darunter				insgesamt	dar. Asien
		EU-Staaten[1]	Türkei	Jugoslawien[2]	Polen		
Fortzüge							
1968	297,1	203,1	27,7	30,6	1,4	35,4	8,4
1969	336,4	207,9	31,6	54,6	1,3	32,1	7,7
1970	401,0	230,3	42,4	89,0	2,2	33,7	7,9
1971	464,6	252,1	60,9	107,7	3,1	35,4	9,2
1972	472,5	250,5	75,0	97,2	5,3	41,7	11,3
1973	484,4	252,3	87,1	91,5	8,2	42,3	12,0
1974	532,4	267,8	110,8	102,0	9,1	47,8	15,0
1975	551,3	255,6	148,5	100,0	12,2	48,5	17,0
1976	465,1	217,0	130,4	74,4	13,3	50,1	19,4
1977	402,4	185,0	113,5	58,4	15,6	49,5	19,9
1978	354,0	165,0	88,1	50,9	17,4	51,6	21,2
1979	314,7	152,2	66,3	44,4	19,9	50,8	22,1
1980	329,9	152,4	70,6	41,1	27,7	55,8	25,1
1981	352,9	151,2	70,9	40,0	48,8	62,4	29,0
1982	357,0	156,2	86,9	41,2	32,7	75,9	37,0
1983	347,3	141,5	100,4	36,3	34,6	77,3	38,6
1984	470,1	137,6	213,5	33,8	51,7	74,6	33,3
1985	289,3	107,7	60,6	30,6	56,8	76,1	38,1
1986	264,9	93,4	51,9	26,4	61,2	80,6	40,8
1987	260,7	87,2	45,7	24,3	69,8	71,6	33,5
1988	290,7	83,8	39,9	26,1	99,3	66,4	29,5
1989	359,0	91,1	37,7	36,0	142,5	70,1	31,3
1990	384,0	86,3	35,1	38,3	157,7	73,1	32,3
1991	398,2	97,5	36,1	53,0	115,3	96,0	45,3
1992	519,6	96,1	40,3	129,5	109,5	91,6	37,5
1993	595,2	100,5	45,5	111,0	101,8	111,4	45,1

*) Bis einschl. 1990 Angaben für das frühere Bundesgebiet, ab 1991 Angaben für Deutschland. – 1) Einschl. Griechenland,
Portugal und Spanien, die seit 1.1.1981 (Griechenland) bzw. 1.1.1986 (Portugal und Spanien) Mitglied der Europäischen Union
sind. – Ohne Finnland, Österreich und Schweden, die seit dem 1. 1. 1995 Vollmitglied in der Europäischen Union sind. –
2) Einschl. Kroatien, Slowenien und Bosnien-Herzegowina sowie der ehem. jugoslawischen Republik Mazedonien, die seit
1992 bzw. 1993 selbständige Staaten sind.

Der Anteil der Zuzüge von Menschen aus EU-Staaten hat sich nach 1980, von kleineren
Schwankungen abgesehen, weiter verringert; 1993 betrug er nur noch 12 %. Seit 1987
hat auch der Anteil der Zuzüge aus außereuropäischen Staaten wieder abgenommen,
im Zeitraum 1987/93 machte er – das Jahr 1990 ausgenommen – jeweils weniger als
zwei Zehntel aller ausländischen Zuziehenden aus. Ebenfalls rückläufig, und zwar seit
1990, ist die Zuwanderung aus Polen.

Bei den Fortzügen über die Bundesgrenzen sank der auf die EU-Staaten entfallende
Anteil im Zeitraum 1968/93 von 61 auf 14 %. Für die Türkei ist eine anteilmäßig hohe

Rückwanderung in den Jahren 1976 und 1977 (jeweils ein Viertel aller Fortzüge) sowie – hauptsächlich als Folge des Rückkehrhilfegesetzes – 1984 (knapp vier Zehntel aller Fortzüge) zu verzeichnen. Hervorzuheben ist ferner der hohe Anteil der auf Polen entfallenden Fortzüge in den Jahren 1989 und 1990 (33 bzw. 34 %).

Hinsichtlich der in diesem Abschnitt in die Betrachtung einbezogenen Herkunfts- und Zielländer hatte das frühere Bundesgebiet bzw. Deutschland im Zeitraum 1968/93 nur gegenüber Polen und dem außereuropäischen Ausland Jahr für Jahr eine fast durchweg positive Wanderungsbilanz. Lediglich 1983 waren nach außereuropäischen Ländern und 1993 nach Polen mehr Ausländerinnen und Ausländer fort- als von dort zugezogen. Hervorzuheben sind ferner der für die Türkei 1984 verzeichnete hohe Abwanderungsüberschuß sowie die beträchtlichen Zuwanderungsüberschüsse gegenüber dem ehemaligen Jugoslawien seit 1991. Die Wanderungen zwischen Deutschland und den übrigen EU-Staaten wiederum spielen für die Veränderung der Zahl der ausländischen Bürgerinnen und Bürger eine immer geringere Rolle. Der hieraus resultierende Zuwanderungsüberschuß betrug 1993 nur 17 000 Personen gegenüber 25 000 im Jahr 1992. Im Zeitraum 1968/71 beispielsweise waren aus den übrigen EU-Staaten je Jahr durchschnittlich noch 149 000 Menschen mit ausländischer Staatsangehörigkeit mehr zugezogen als nach dort fortgezogen.

4 Haushalte und Familien

4 Haushalte und Familien

Zahlen über ausländische Haushalte und Familien in der Bundesrepublik Deutschland werden jährlich im Rahmen des Mikrozensus ermittelt. Hierbei handelt es sich um eine Repräsentativstatistik der Bevölkerung und des Erwerbslebens, die mit einem Auswahlsatz von einem Prozent der Haushalte durchgeführt wird, und die wichtige Strukturdaten zur Beschreibung der Lebens- und Arbeitsbedingungen der Bevölkerung liefert. Anhand der Ergebnisse dieser Erhebung kann – zumindest teilweise – die soziale Situation der Ausländerinnen und Ausländer dargestellt werden. Während die Bevölkerungsstatistik das Individuum nach demographischen Merkmalen wie Geschlecht, Alter, Familienstand kategorisiert, steht im Rahmen der Haushalts- und Familienstatistik der soziale Gruppenzusammenhang der Individuen im Vordergrund. Als Haushalte werden dabei Personengruppen – unabhängig von ihren verwandtschaftlichen Beziehungen – erfaßt, die zusammen wohnen und gemeinsam wirtschaften (Mehrpersonenhaushalt). Alleinlebende und selbständig wirtschaftende Personen bilden einen eigenständigen Haushalt (Einpersonenhaushalt). Die Familie wird grundsätzlich durch das Kriterium der Abstammung (Eltern-Kind-Verhältnis) sowie Verheiratung begründet, wobei im folgenden nur solche Personen zur Familie gerechnet werden, die in einem Haushalt zusammenleben.

Tab. 4.1: Privathaushalte 1993 nach Staatsangehörigkeit der Haushaltsmitglieder*)

Staatsangehörigkeit der Haushaltsmitglieder	Deutschland		Früheres Bundesgebiet		Neue Länder und Berlin-Ost	
	1 000	%	1 000	%	1 000	%
Haushalte mit deutscher Bezugsperson.........	33 793	93,3	27 143	92,0	6 650	98,8
davon:						
alle Haushaltsmitglieder deutsch..................	33 350	92,1	26 734	90,6	6 617	98,3
übrige Haushaltsmitglieder ausländisch bzw. deutsch/ausländisch	442	1,2	409	1,4	33	0,5
Haushalte mit ausländischer Bezugsperson ..	2 437	6,7	2 354	8,0	84	1,2
davon:						
alle Haushaltsmitglieder ausländisch	2 056	5,7	2 002	6,8	54	0,8
übrige Haushaltsmitglieder deutsch bzw. deutsch/ausländisch	381	1,1	352	1,2	30	0,4
Haushalte insgesamt	36 230	100	29 496	100	6 733	100

*) Ergebnis des Mikrozensus. – Bevölkerung in Privathaushalten.

Im April 1993 gab es in der Bundesrepublik Deutschland insgesamt 36,2 Millionen Haushalte, davon hatten knapp 33,8 Millionen oder 93,3 % eine deutsche Bezugsperson, und bei gut 2,4 Millionen Haushalten oder 6,7 % hatte die Bezugsperson eine ausländische Staatsangehörigkeit. Es fällt auf, daß der Anteil der ausländischen Haushalte in den neuen Ländern und Berlin-Ost mit 1,2 % deutlicher kleiner war als im früheren Bundesgebiet (8,0 % aller Haushalte).

Betrachtet man die Zusammensetzung der Haushalte nach der Staatsangehörigkeit der Haushaltsmitglieder, dann zeigt sich, daß 1993 in Deutschland rund 2 % der Haushalte insgesamt aus der Sicht der jeweiligen Bezugsperson aus binationalen Haushaltsmitgliedern bestanden. Bei Haushalten mit deutscher Bezugsperson waren dies 1,2 % aller Haushalte und bei Haushalten mit ausländischer Bezugsperson 1,1 %;

im früheren Bundesgebiet lagen die entsprechenden Anteilswerte etwas höher (1,4 bzw. 1,2 %).

Vergleicht man die quantitativen Haushaltsstrukturen von deutschen und ausländischen Haushalten (bezogen auf deutsche bzw. ausländische Bezugspersonen) miteinander, dann werden einige auffallende Unterschiede sichtbar. Mehr als ein Viertel der Ausländerhaushalte (28,5 %) waren 1993 in Deutschland Einpersonenhaushalte, ein Fünftel von ihnen (20,2 %) bestand aus zwei, 18,8 % bestanden aus drei Personen. 19,0 % der ausländischen Haushalte setzten sich aus vier und 13,6 % aus fünf und mehr Personen zusammen. Aus der Aufgliederung der deutschen Haushalte nach der Haushaltsgröße geht hervor, daß die Ein- und Zweipersonenhaushalte mit 34,6 % bzw. 32,2 % der Haushalte insgesamt die weitaus größten Anteile aufwiesen. In 16,4 % der deutschen Haushalte wohnten drei Personen zusammen, 12,5 % waren Vierpersonenhaushalte, und 4,3 % der deutschen Haushalte hatten fünf und mehr Mitglieder. Faßt man die Ein- und Zweipersonenhaushalte zusammen, dann werden die unterschiedlichen Haushaltsstrukturen zwischen deutschen und ausländischen Haushalten noch deutlicher: So bestanden 1993 zwei Drittel der deutschen Haushalte (66,8 %) aus Kleinhaushalten mit einer oder zwei Personen, bei den ausländischen Haushalten betrug dieser Anteil nur knapp die Hälfte aller Haushalte (48,7 %). Dies belegt, daß die Entwicklung zu kleineren Haushalten bei der deutschen Bevölkerung weiter fortgeschritten ist als bei der ausländischen.

Tab. 4.2: Privathaushalte 1993 nach Staatsangehörigkeit der Bezugsperson und Haushaltsgröße*)

Staatsangehörigkeit der Bezugsperson	Insgesamt	Ein-personen-haushalte	Mehrpersonenhaushalte				Personen je Haushalt
			davon mit ... Personen				
			2	3	4	5 und mehr	
	1 000		%				Anzahl
Deutschland							
Deutsche Bezugsperson...........	33 793	93,3	34,6	32,2	16,4	12,5	4,3	2,21
Ausländische Bezugsperson	2 437	6,7	28,5	20,2	18,8	19,0	13,6	2,77
Insgesamt.............	36 230	100	34,2	31,4	16,5	13,0	4,9	2,25
Früheres Bundesgebiet							
Deutsche Bezugsperson...........	27 143	92,0	35,9	32,1	15,7	11,8	4,4	2,18
Ausländische Bezugsperson	2 354	8,0	28,1	20,0	18,8	19,1	13,9	2,79
Zusammen	29 496	100	35,3	31,2	16,0	12,4	5,2	2,23
Neue Länder und Berlin-Ost							
Deutsche Bezugsperson...........	6 650	98,8	29,1	32,7	19,1	15,5	3,6	2,33
Ausländische Bezugsperson	84	1,2	38,3	24,2	19,9	14,4	/	2,21
Zusammen	6 733	100	29,3	32,6	19,1	15,4	3,6	2,32

*) Ergebnis des Mikrozensus. – Bevölkerung in Privathaushalten.

Als Folge der unterschiedlichen Verteilung der Haushaltsgrößen lebten im Durchschnitt weniger Personen in einem deutschen Haushalt zusammen als in einem ausländischen:

Auf 100 ausländische Haushalte in Deutschland entfielen 1993 durchschnittlich 277 Personen gegenüber 221 bei den deutschen Haushalten.

Auffallend ist auch, daß in den neuen Bundesländern der „Single"-Haushalt die weitaus häufigste Haushaltsform bei den ausländischen Haushalten repräsentiert, ihr Anteil betrug hier 38,3 % (gegenüber 28,5 % in Deutschland). Dagegen war hier der Anteil der großen Ausländerhaushalte (fünf und mehr Personen) mit weniger als 5 % deutlich niedriger als in Deutschland insgesamt (13,6 % aller ausländischen Haushalte).

Bei den einst angeworbenen ausländischen Arbeitskräften handelte es sich überwiegend um alleinstehende Männer im erwerbsfähigen Alter. Im Laufe der Zeit hat sich die Struktur der ausländischen Bevölkerung aufgrund von Familienzusammenführungen und Familiengründungen wesentlich verändert, was sich auch auf die Lebensformen der ausländischen Bevölkerung ausgewirkt hat.

Die Zuordnung zum „Ausländerehepaar" erfolgt im folgenden über die Staatsangehörigkeit der Bezugsperson, das heißt hier des Ehemannes; demnach gelten Ehepaare, bei denen der Ehemann Ausländer und die Ehefrau Deutsche ist, auch als „Ausländerehepaar", während bei der umgekehrten Konstellation von einem deutschen Ehepaar gesprochen wird. Aufgrund dieser Zuordnung der Ehepartner nach der Staatsangehörigkeit gab es 1993 in Deutschland 1,6 Millionen ausländische Ehepaare, von denen rund 75 % Kinder (ohne Altersbegrenzung) hatten. Dabei ist zu berücksichtigen, daß ein Teil der ausländischen Ehepaare ohne Kinder noch Kinder im Herkunftsland haben kann. Sind beide Ehepartner ausländische Staatsangehörige, dann ist der Anteil für Ehepaare mit Kindern noch größer, 1993 lag er bei 77,2 % dieser Ehepaare; bei den binationalen Ehepaaren war dieser Anteil dagegen deutlich niedriger (64,9 bzw. 61,9 %). Bei diesen Ehepaaren ist bemerkenswert, daß die Kombination „Ehemann Ausländer/Ehefrau Deutsche" 1993 einen Anteil von 21,2 % an allen Ausländerehepaaren erreichte, dagegen die Kombination „Ehemann Deutscher/Ehefrau Ausländerin" nur 1,6 % der deutschen Ehepaare.

Tab. 4.3: Ehepaare 1993 nach Staatsangehörigkeit der Ehepartner*)

Deutschland

Staatsangehörigkeit der Ehepartner	Insgesamt		Darunter mit Kind(ern)[1]	
	1 000	%	1 000	%[2]
Ausländerehepaare...................	1 572	100	1 173	74,6
Beide Ehepartner Ausländer...	1 239	78,8	957	77,2
Ehemann Ausländer, Ehefrau Deutsche.............................	334	21,2	216	64,9
Deutsche Ehepaare..................	18 131	100	9 775	53,9
Beide Ehepartner Deutsche....	17 846	98,4	9 598	53,8
Ehemann Deutscher, Ehefrau Ausländerin...........................	286	1,6	177	61,9

*) Ergebnis des Mikrozensus. – Bevölkerung am Familienwohnsitz. – 1) Im Haushalt der Eltern(teile) lebende Kinder ohne Altersbegrenzung. – 2) Anteil an Spalte „Insgesamt".

Im Vergleich zu den ausländischen Ehepaaren leben deutlich weniger deutsche Ehepaare mit ihren Kindern zusammen, 1993 waren es rund 54 % der deutschen Ehepaare insgesamt. Ein Grund für den hohen Anteil der deutschen Ehepaare ohne Kinder liegt einmal in der anderen Altersstruktur der deutschen Bevölkerung, zum anderen in der zunehmenden Zahl deutscher Ehepaare in der nachelterlichen Phase. Ferner spielt auch die höhere Geburtenrate der Ausländerinnen eine Rolle.

Weitere Unterschiede zwischen deutschen und ausländischen Familien bestehen hinsichtlich der Zahl der Kinder (ohne Altersbegrenzung). So hatten 1993 rund ein Viertel der knapp 1,2 Millionen Ausländerehepaare (ausländische Bezugspersonen) mit Kindern und etwa jede neunte ausländische Alleinerziehende (11,5 %) drei und mehr Kinder im Haushalt. Bei den deutschen Ehepaaren bzw. Alleinerziehenden lagen die Vergleichswerte bei 12 % bzw. 5,7 %. Dagegen betrug der Anteil der Ein-Kind-Familien bei den ausländischen Ehepaaren mit Kindern gut 37 %, während er bei den deutschen Ehepaaren mit Kindern fast die Hälfte (48 %) ausmachte.

Tab. 4.4: Ehepaare und Alleinerziehende 1993 nach Staatsangehörigkeit der Bezugsperson und Zahl der Kinder*)

Deutschland

Eltern-Kind-Gemeinschaft	Insgesamt	Davon mit ... Kind(ern)[1]			Kinder je Familie
		1	2	3 und mehr	
	1 000	% von Spalte „Insgesamt"			Anzahl
mit deutscher Bezugsperson					
Ehepaare mit Kind(ern)	9 775	47,9	40,1	12,0	1,67
Alleinerziehende	2 485	71,5	22,7	5,7	1,36
Insgesamt...................	12 260	52,7	36,6	10,7	1,61
mit ausländischer Bezugsperson					
Ehepaare mit Kind(ern)	1 173	37,2	38,5	24,3	1,99
Alleinerziehende	163	63,7	24,7	11,5	1,55
Insgesamt...................	1 336	40,4	36,8	22,8	1,94

*) Ergebnis des Mikrozensus. – Bevölkerung am Familienwohnsitz. – 1) Im Haushalt der Eltern(teile) lebende Kinder ohne Altersbegrenzung.

Im Durchschnitt lebten 1993 100 ausländische Ehepaare mit 199 Kindern und 100 ausländische Alleinerziehende mit 155 Kindern zusammen; in den Haushalten von 100 deutschen Ehepaaren bzw. Alleinerziehenden waren es 167 bzw. 136 Kinder (ohne Altersbegrenzung). Der Vergleich der Familienstrukturen der deutschen und ausländischen Bevölkerung macht außerdem deutlich, daß der Anteil der Alleinerziehenden mit 20,3 % an allen Familien mit deutscher Bezugsperson wesentlich größer war als der entsprechende Anteil der ausländischen Alleinerziehenden (12,2 %).

Neben der Zahl der in der Familie aufwachsenden Kinder wird die Familiensituation vor allem durch die Erwerbstätigkeit der Ehepartner bestimmt, wobei für die Erwerbsbeteiligung der Ehefrau im allgemeinen das Vorhandensein von Kindern sowie ökonomische Gründe eine Rolle spielen. Es zeigt sich, daß 1993 bei den deutschen Ehepaaren beide Ehepartner im Durchschnitt häufiger erwerbstätig waren als bei den ausländischen (40,7 gegenüber 35,8 %), dagegen der deutsche Ehemann seltener allein berufstätig war als der ausländische (26,4 gegenüber 40,1 %). Der Anteil der nicht erwerbstätigen Ehepartner, d.h. beide Eheleute sind erwerbslos oder Nichterwerbspersonen, war bei den deutschen Ehepaaren mit 27,8 % deutlich höher als bei den ausländischen (16,6 %). Dies bedeutet aber auch, daß im Durchschnitt bei über 83 % der ausländischen Ehepaare mindestens ein Ehepartner im Berufsleben stand gegenüber gut 72 % der deutschen Ehepaare. Betrachtet man nur die Erwerbsbeteiligung der Ehepaare ohne Kinder, dann fällt insbesondere der Unterschied bei den nicht erwerbstätigen Ehepaaren auf: Bei knapp der Hälfte der deutschen Ehepaare (49,7 %) waren beide Ehepartner nicht (mehr) erwerbstätig, d.h. die Ehepartner befanden sich überwiegend im Ruhestand; bei den ausländischen Ehepaaren betrug dieser Anteil weniger als ein Viertel (24,6 %).

Tab. 4.5: Ehepaare mit und ohne Kinder 1993 nach Staatsangehörigkeit der Bezugsperson und Beteiligung der Partner am Erwerbsleben*)

Deutschland

Ehepaare	Insgesamt	Beide Ehepartner erwerbstätig	Ehemann allein erwerbstätig	Ehefrau allein erwerbstätig	Beide Ehepartner nicht erwerbstätig[1]
	1 000	% von Spalte „Insgesamt"			
mit deutscher Bezugsperson					
Ehepaare ohne Kinder..............	8 356	28,9	15,2	6,2	49,7
Ehepaare mit Kind(ern)[2]...........	9 775	50,8	36,0	4,2	9,1
Insgesamt............................	18 131	40,7	26,4	5,1	27,8
mit ausländischer Bezugsperson					
Ehepaare ohne Kinder..............	399	35,3	28,5	11,5	24,6
Ehepaare mit Kind(ern)[2]...........	1 173	36,0	44,0	6,1	13,9
Insgesamt............................	1 572	35,8	40,1	7,5	16,6

*) Ergebnis des Mikrozensus. – Bevölkerung am Familienwohnsitz. – 1) Erwerbslos oder Nichterwerbsperson. – 2) Ohne Altersbegrenzung.

Dies ist – wie bereits erwähnt – hauptsächlich eine Folge der unterschiedlichen Altersstruktur der deutschen und ausländischen Bevölkerung, weil sich von der letzteren ein geringerer Teil bereits im Rentenalter befindet. Von den Ehepaaren mit Kindern (ohne Altersbegrenzung) waren 1993 bei über der Hälfte der deutschen Ehepaare (50,8 %) beide Ehepartner erwerbstätig gegenüber 36 % bei den Ehepaaren mit ausländischer Bezugsperson. Auch ist bemerkenswert, daß bei ausländischen Familien der Ehemann häufiger Alleinernährer war (44,0 % der ausländischen Ehepaare mit Kindern insgesamt), als bei den deutschen Familien (36,0 % aller deutschen Ehepaare mit Kindern).

5 Wohnverhältnisse

5 Wohnverhältnisse

Die Wohnraumversorgung der in Deutschland lebenden Ausländerinnen und Ausländer ist je nach kultureller und sozialer Herkunft sowie je nach dem Grad der sozialen Integration verschieden. Beispielsweise wird ein indischer Arzt, der mit seiner Familie seit vielen Jahren in Deutschland lebt, andere Wohnmöglichkeiten und -bedürfnisse haben als ein Bauarbeiter aus Polen, der eine befristete Aufenthaltsgenehmigung erhalten hat. Daher liefert eine allgemeine Betrachtung der Wohnverhältnisse von ausländischen Staatsangehörigen insgesamt zumindest Anhaltspunkte über deren Grad der Etablierung und Integration, auch im Vergleich mit den Deutschen.

Tab. 5.1: Haushalte in Gebäuden und Unterkünften*)
Früheres Bundesgebiet

Bezugsperson[1] des Haushalts ist ...	Haushalte insgesamt	Davon			
		Hauptmieter-haushalte	Eigentümer-haushalte	Untermieter-haushalte	Haushalte in Wohnheimen
	1 000	%			
in Wohnungen in Gebäuden					
Ausländer/-in	1 643,0	80,4	11,1	5,0	3,6
Deutsche/-r	25 650,5	55,3	42,6	1,5	0,6
Insgesamt	27 293,5	56,8	40,7	1,7	0,8
in sonstigen Wohneinheiten in Gebäuden					
Ausländer/-in	21,6	96,2	1,9	1,9	-
Deutsche/-r	90,5	94,0	5,6	0,4	-
Insgesamt	112,1	94,5	4,8	0,7	-
in Gebäuden zusammen					
Ausländer/-in	1 664,5	80,6	11,0	4,9	3,5
Deutsche/-r	25 741,0	55,4	42,5	1,5	0,6
Insgesamt	27 405,5	56,9	40,6	1,7	0,8
in Unterkünften					
Ausländer/-in	5,3	84,9	7,5	7,5	-
Deutsche/-r	19,8	55,6	37,4	7,1	-
Insgesamt	25,1	61,8	31,1	7,2	-
Insgesamt					
Ausländer/-in	1 669,8	80,6	11,0	4,9	3,5
Deutsche/-r	25 760,8	55,4	42,5	1,5	0,6
Insgesamt	27 430,6	56,9	40,5	1,7	0,8

*) Hochgerechnetes Ergebnis der 1 %-Gebäude- und Wohnungsstichprobe 1993 (Abweichungen zu den Ergebnissen des Mikrozensus siehe Fußnote 1) auf der nächsten Seite). – Ohne Haushalte in Ferien-/Freizeitwohneinheiten und ohne Haushalte in von Angehörigen ausländischer Streitkräfte privatrechtlich gemieteten Wohneinheiten. – 1) Person, die überwiegend zum Unterhalt des Haushalts beiträgt.

Als Haushalte von Ausländerinnen oder Ausländern gelten im allgemeinen solche, in denen die zum Unterhalt des Haushalts überwiegend beitragende Person, die sogenannte Bezugsperson, nicht die deutsche Staatsangehörigkeit besitzt. In diesen Ausländerhaushalten können sich demnach auch Personen mit deutscher Staatsangehörigkeit befinden, umgekehrt können zu Haushalten, deren Bezugsperson die deutsche Staatsangehörigkeit besitzt, ausländische Personen gehören. Davon abweichend wird in zwei Tabellen unterschieden, ob sich ausschließlich Ausländerinnen und Ausländer, ausschließlich Deutsche oder ausländische und deutsche Personen im Haushalt befinden.

Nach den hochgerechneten Ergebnissen der Gebäude- und Wohnungsstichprobe 1993 hatten im früheren Bundesgebiet etwa 1,7 Millionen Haushalte eine ausländische Bezugsperson[1]. Von diesen waren 81 % Hauptmieter der von ihnen bewohnten Wohneinheiten. Zum Vergleich: Unter den deutschen Haushalten lag der Anteil der Hauptmieterhaushalte lediglich bei 55 %. Der klare Unterschied in den Hauptmieteranteilen deutet zugleich auf den unterschiedlichen Grad der Wohneigentumsbildung von ausländischer und deutscher Bevölkerung hin. Während unter den deutschen Haushalten 42,5 % Eigentümer des Gebäudes bzw. der Wohnung waren, kommt dem Wohneigentum bei Ausländerinnen und Ausländern eine vergleichsweise geringe Bedeutung zu. Der Anteil der Eigentümer an diesen Haushalten lag bei 11 %. Nur noch 5 % betrug der Anteil der Ausländerhaushalte, die zur Untermiete wohnten. Unter den deutschen Haushalten waren rund 1,5 % Untermieter. Etwa 3,5 % der Ausländerhaushalte waren zum Zeitpunkt der Zählung in Wohnheimen untergebracht, bei den Deutschen betrug der Anteil weniger als 1 %.

5.1 Hauptmieter- und Eigentümerhaushalte nach der Zahl der selbstbewohnten Räume

Ein Maßstab für die Wohnungsgröße ist die Zahl der Räume. Sowohl Hauptmieterhaushalte von Ausländerinnen und Ausländern als auch von Deutschen bewohnten am häufigsten Wohneinheiten mit drei oder vier Räumen, rund 66 % der ausländischen und rund 68 % der deutschen Haushalte. Über fünf und mehr Räume verfügten rund 16 % der Ausländerhaushalte und 19 % der deutschen Haushalte. In Ein-Raum-Wohneinheiten lebten 7 % der Ausländerhaushalte, aber lediglich 4 % der deutschen Haushalte; in Zwei-Raum-Wohneinheiten rund 11 % der Ausländer- und rund 10 % der deutschen Haushalte.

Von den Ausländerhaushalten, die als Hauptmieter in Unterkünften untergebracht waren, hatten 13 % lediglich einen Raum und 22 % zwei Räume zur Verfügung. Die entsprechenden Anteile bei den deutschen Haushalten beliefen sich auf 12 % bzw. 25,5 %. Rund 89 % der Ausländerhaushalte und 83 % der deutschen Hauptmieterhaushalte in „sonstigen Wohneinheiten" in Gebäuden verfügen über einen Raum.

---

1) Diese Zahl liegt aus verschiedenen methodischen und konzeptionellen Gründen unter dem entsprechenden Ergebnis des Mikrozensus (s. Kapitel 4). Deshalb sind Vergleiche von hochgerechneten Ergebnissen aus beiden Erhebungen - wie immer bei Vergleichen aus verschiedenen Stichproben - nur unter Vorbehalt möglich. Eine Analyse der Ergebnisse jeweils einer der Stichproben bleibt hiervon jedoch unberührt.

Tab. 5.2: Eigentümer- und Hauptmieterhaushalte in Gebäuden und Unterkünften*)
Früheres Bundesgebiet

Bezugsperson[1] des Haushalts ist ...	Haushalte insgesamt [2]	Davon in Wohneinheiten mit ... selbstbewohnten Räumen				
		1	2	3	4	5 und mehr
	1 000	%				
Hauptmieterhaushalte in Wohnungen in Gebäuden[3]						
Ausländer/-in	1 320,3	5,4	11,0	29,8	37,1	16,6
Deutsche/-r...............	14 178,1	3,1	9,9	31,6	36,6	18,7
in sonstigen Wohneinheiten in Gebäuden						
Ausländer/-in	20,7	88,6	11,4	-	-	-
Deutsche/-r...............	85,1	82,6	17,0	0,3	-	0,1
in Gebäuden zusammen						
Ausländer/-in	1 341,0	6,7	11,1	29,4	36,5	16,4
Deutsche/-r...............	14 263,2	3,6	9,9	31,5	36,4	18,6
in Unterkünften						
Ausländer/-in	4,5	13,3	22,2	35,6	24,4	4,4
Deutsche/-r...............	11,0	11,8	25,5	23,6	20,9	18,2
Insgesamt						
Ausländer/-in	1 345,5	6,7	11,1	29,4	36,5	16,3
Deutsche/-r...............	14 274,2	3,6	10,0	31,5	36,4	18,6
Insgesamt	15 619,8	3,9	10,0	31,3	36,4	18,4
Eigentümerhaushalte in Wohnungen in Gebäuden[3]						
Ausländer/-in	182,5	0,4	2,9	9,4	28,9	58,4
Deutsche/-r...............	10 926,8	0,3	1,4	8,4	23,3	66,6
in sonstigen Wohneinheiten in Gebäuden						
Ausländer/-in	0,4	100	-	-	-	-
Deutsche/-r...............	5,0	76,4	20,1	3,5	-	-
in Gebäuden zusammen						
Ausländer/-in	182,9	0,6	2,9	9,4	28,8	58,3
Deutsche/-r...............	10 931,8	0,3	1,4	8,4	23,3	66,6
in Unterkünften						
Ausländer/-in	0,4	-	-	25,0	25,0	50,0
Deutsche/-r...............	7,4	4,1	4,1	20,3	24,3	47,3
Insgesamt						
Ausländer/-in	183,3	0,6	2,9	9,4	28,8	58,3
Deutsche/-r...............	10 939,2	0,3	1,4	8,5	23,3	66,6
Insgesamt	11 122,6	0,3	1,4	8,5	23,4	66,5

*) Hochgerechnetes Ergebnis der 1 %-Gebäude- und Wohnungsstichprobe 1993. – 1) Person, die überwiegend zum Unterhalt des Haushalts beiträgt. – 2) Ohne Haushalte in Ferien-/Freizeitwohneinheiten und ohne Haushalte in von Angehörigen ausländischer Streitkräfte privatrechtlich gemieteten Wohneinheiten. – 3) Ohne Wohnheime.

Wie schon erwähnt, ist die Bildung von Wohneigentum bei Ausländerinnen und Ausländern wesentlich geringer verbreitet als bei Deutschen. Immerhin lebten rund 183 000 Ausländerhaushalte im eigenen Haus oder in einer Eigentumswohnung. Erfahrungsgemäß sind diese raum- und flächenmäßig in der Regel großzügiger angelegt als Mietwohnungen. Deshalb verwundert es nicht, daß rund 58 % der ausländischen Eigentümerhaushalte fünf und mehr Räume zur Verfügung standen, unter den deutschen Haushalten lag der Anteil bei 67 %.

Rund 38 % der ausländischen und 32 % der deutschen Eigentümerhaushalte bewohnten drei oder vier Räume. Kleinere Wohneinheiten mit ein oder zwei Räumen kommen unter Eigentümern erwartungsgemäß selten vor. Das gilt für ausländische (rund 3,5 %) und für deutsche Eigentümerhaushalte (knapp 2 %) gleichermaßen. Überhaupt ist festzustellen, daß die Unterschiede zwischen ausländischen und deutschen Eigentümerhaushalten hinsichtlich der Wohnungsgröße in der Regel deutlich geringer ausfielen als unter den Hauptmieterhaushalten.

5.2 Haushaltsgröße, Wohnfläche bzw. Räume je Person

Einblick in die Wohnraumversorgung der Haushalte gewährt die kombinierte Betrachtung der zum Haushalt gehörenden Personen mit der von ihnen bewohnten Fläche einerseits und den Räumen andererseits. Daraus lassen sich die im Durchschnitt jeder Person eines Haushalts zur Verfügung stehende Wohnfläche bzw. Raumzahl als Kennzahlen für die Wohnraumversorgung ermitteln. Beide Kennzahlen weisen für die dargestellten Haushaltskategorien deutliche Unterschiede auf.

Während sich für jeden Angehörigen eines Hauptmieterhaushalts mit ausschließlich ausländischen Personen im Durchschnitt eine Wohnfläche von 21 m^2 und 1,1 Räume je Wohneinheiten errechneten, waren es bei Hauptmieterhaushalten, in denen ausländische und deutsche Staatsangehörige zusammenlebten, im Durchschnitt 26 m^2 Wohnfläche und 1,3 Räume. Noch günstiger nahm sich das Verhältnis bei Haushalten aus, die ausschließlich von Deutschen gebildet wurden. Hier ergaben sich umgerechnet auf jede Person im Durchschnitt 33 m^2 Wohnfläche und fast zwei Räume (1,8).

Mit zunehmender Haushaltsgröße verschlechterte sich das Verhältnis Wohnfläche bzw. Räume je Person. Das wirkte sich so aus, daß z.B. unter den Hauptmieterhaushalten mit ein bis drei ausschließlich ausländischen Personen rechnerisch jedem von ihnen 28,6 m^2 Wohnfläche oder 1,5 Räume zukamen, bei acht und mehr ausländischen Haushaltsmitgliedern aber nur noch 11,5 m^2 Wohnfläche oder 0,6 Räume. Für die Hauptmieterhaushalte mit ausschließlich deutschen Personen wirkte sich die Verschlechterung der räumlichen Situation mit zunehmender Personenzahl noch stärker aus. In Haushalten mit bis zu drei Personen verfügte jeder im Durchschnitt über 37,9 m^2 Wohnfläche oder 2,0 Räume. Bei den Großhaushalten mit acht und mehr Personen errechneten sich noch 14,2 m^2 Wohnfläche oder 0,7 Räume pro Person.

Tab. 5.3: Eigentümer- und Hauptmieterhaushalte in Gebäuden und Unterkünften nach Personenzahl, Wohnfläche und Zahl der selbstbewohnten Räume*)

Deutschland

Haushalte mit ... Personen	Eigentümerhaushalte			Hauptmieterhaushalte		
	zusammen[1]	Wohnfläche	Räume	zusammen[1]	Wohnfläche	Räume
		je Person in der Wohneinheit			je Person in der Wohneinheit	
	1 000	m²	Anzahl	1 000	m²	Anzahl
Alle Personen im Haushalt sind Ausländer/-innen						
1 bis 3......................	59,5	44,08	2,06	741,0	28,57	1,54
4................................	28,9	24,41	1,21	225,1	17,62	0,97
5................................	12,4	21,44	1,07	121,1	14,84	0,82
6................................	5,2	17,98	0,87	42,3	13,40	0,74
7................................	/	/	/	17,8	12,09	0,64
8 und mehr..............	/	/	/	12,4	11,48	0,59
Zusammen	110,2	29,16	1,40	1 159,7	21,05	1,14
Deutsche und Ausländer/-innen im Haushalt						
1 bis 3......................	111,8	44,33	2,00	333,1	30,07	1,54
4................................	59,1	32,51	1,46	92,1	21,70	1,11
5................................	24,3	27,58	1,30	28,5	19,40	0,96
6................................	5,4	24,29	1,14	6,3	16,08	0,83
7................................	/	/	/	/	/	/
8 und mehr..............	/	/	/	/	/	/
Zusammen	205,1	35,50	1,61	463,9	26,03	1,33
Alle Personen im Haushalt sind Deutsche						
1 bis 3......................	9 204,4	49,93	2,36	16 347,1	37,89	2,03
4................................	2 257,8	31,81	1,46	1 773,4	21,59	1,15
5................................	765,5	28,11	1,31	405,4	19,47	1,02
6................................	164,6	25,68	1,19	76,0	17,38	0,90
7................................	48,2	23,36	1,12	20,3	15,27	0,81
8 und mehr..............	19,9	21,45	0,96	9,7	14,16	0,72
Zusammen	12 460,3	41,38	1,94	18 631,8	33,45	1,79
Insgesamt						
1 bis 3......................	9 375,8	49,81	2,35	17 421,2	37,23	2,00
4................................	2 345,8	31,74	1,46	2 090,6	21,16	1,13
5................................	802,2	27,99	1,31	554,9	18,45	0,97
6................................	175,2	25,41	1,18	124,6	15,96	0,84
7................................	53,3	23,12	1,10	41,0	13,96	0,74
8 und mehr..............	23,3	20,80	0,95	23,1	12,66	0,65
Insgesamt...........	12 775,6	41,13	1,93	20 255,4	32,20	1,72

*) Hochgerechnetes Ergebnis der 1 %-Gebäude- und Wohnungsstichprobe 1993. – 1) Ohne Haushalte in Ferien-/Freizeit-wohneinheiten und ohne Haushalte in von Angehörigen ausländischer Streitkräfte privatrechtlich gemieteten Wohneinheiten und ohne Haushalte in Wohnheimen.

Im Blickpunkt: Ausländische Bevölkerung in Deutschland

Die dargestellten Zusammenhänge und Sachverhalte lassen sich analog auch bei den Eigentümerhaushalten nachweisen, allerdings auf grundsätzlich höherem Versorgungsniveau.

5.3 Mietbelastung der Haushalte

Die Mietbelastungsquote bringt zum Ausdruck, welcher Anteil des Haushaltsnettoeinkommens von den Mieterinnen und Mietern zur Begleichung der Wohnkosten aufgewandt wird. Betrachtet man die durchschnittliche Mietbelastung der Hauptmieterhaushalte in reinen Mietwohnungen in Beziehung zu der Staatsangehörigkeit der Bezugsperson, so wird deutlich, daß in Haushalten mit ausschließlich ausländischen Haushaltsangehörigen die Mietbelastung im Durchschnitt aller Haushalte unter den Quoten sowohl für Haushalte mit ausschließlich deutschen als auch für Haushalte mit deutschen und ausländischen Personen liegt. Betrachtet man sie darüber hinaus in Beziehung zur Haushaltsgröße, so zeigt sich, daß in Haushalten mit 1 bis 3 Personen ausländischer Staatsangehörigkeit die Mietbelastung höher, ab einer Haushaltsgröße von 4 Personen jedoch niedriger als der Durchschnitt aller Haushalte liegt.

Tab. 5.4: Hauptmieterhaushalte in bewohnten reinen Mietwohnungen mit Mietangaben*)

Früheres Bundesgebiet

Ausländer/-innen/ Deutsche	Durchschnittliche Mietbelastung[1] je Haushalt	von Haushalten mit ... Personen				
		1 bis 3	4	5	6	7 und mehr
		%				
Alle Personen im Haushalt sind Ausländer/-innen	20,8	22,2	18,9	19,2	18,6	19,5
Deutsche und Ausländer/ -innen im Haushalt	21,1	20,6	22,1	21,2	29,0	29,2
Alle Personen im Haushalt sind Deutsche.........................	21,4	21,5	20,5	22,0	22,7	25,0
Insgesamt............................	21,3	21,5	20,3	21,2	21,4	22,4

*) Hochgerechnetes Ergebnis der 1 %-Gebäude- und Wohnungsstichprobe 1993. – Hierzu zählen nicht Dienst-, Werks-, Hausmeister-, Stiftswohnungen; Berufs- oder Geschäftsmietwohnungen; Mietwohnungen ausländischer Streitkräfte und ähnlicher Personengruppen; verbilligt, kostenlos oder ermäßigt überlassene Wohnungen; völlig untervermietete Wohnungen. – 1) Anteil der Miete am Haushaltsnettoeinkommen.

Hierfür kommen zwei Ursachen in Betracht: Einerseits liegt das durchschnittliche Einkommen deutscher Haushalte über dem Niveau des Haushaltseinkommens ausländischer Haushalte. Dies führt dazu, daß deutsche Haushalte im Schnitt größere und besser ausgestattete Wohnungen in teureren Wohnlagen bewohnen als ausländische. Andererseits ist der relative Anteil großer Haushalte bei der ausländischen Bevölkerung höher als bei der deutschen. Daraus ergibt sich, daß in ausländischen Haushalten häufig mehr Einkommensbezieher zusammenwohnen als in deutschen, was wiederum die durchschnittliche Mietbelastung des Haushaltseinkommens senkt.

In Haushalten mit sowohl deutschen als auch ausländischen Haushaltsmitgliedern weicht – betrachtet nach der Haushaltsgröße – die durchschnittliche Mietbelastung teilweise erheblich vom allgemeinen Durchschnitt sowie auch vom Durchschnitt der deutschen bzw. der ausländischen Haushalte ab.

6 Ausbildung

6 Ausbildung

Die in Deutschland lebenden ausländischen Kinder und Jugendlichen sind wie die deutschen dazu verpflichtet, eine staatliche Schule oder eine staatlich anerkannte Privatschule zu besuchen. Ausgenommen sind lediglich Kinder von Diplomatinnen und Diplomaten sowie ausländischen Militärangehörigen. In Deutschland beginnt die Schulpflicht mit der Vollendung des sechsten Lebensjahres. Sie beträgt in allen Bundesländern mindestens zwölf Jahre und gliedert sich in der Regel in eine neun- oder zehnjährige Vollzeitschulpflicht und in eine dreijährige Berufsschulpflicht. Die Berufsoder Teilzeitschulpflicht kann auch durch den Besuch einer allgemeinbildenden oder beruflichen Vollzeitschule erfüllt werden.

Informationen über ausländische Schülerinnen und Schüler stellen die Statistiken der allgemeinbildenden und beruflichen Schulen zur Verfügung. Bis einschließlich 1990 liegen in den Schulstatistiken durchgängig Daten für das frühere Bundesgebiet vor, danach für Deutschland nach dem Gebietsstand seit dem 3. Oktober 1990. Da die früheren Teilgebiete nicht mehr separat nachzuweisen sind, wird im folgenden für Schülerdaten bis einschließlich 1990 auf das frühere Bundesgebiet und ab 1991 auf Deutschland Bezug genommen.

Im Jahr 1993 besuchten in Deutschland rund 1 099 000 ausländische Kinder und Jugendliche eine allgemeinbildende oder berufliche Schule. 46,6 % von ihnen waren weiblichen Geschlechts. Somit waren 9 % der Schülerinnen und Schüler ausländische Staatsangehörige, die weit überwiegende Mehrheit von ihnen besuchte eine Schule im früheren Bundesgebiet.

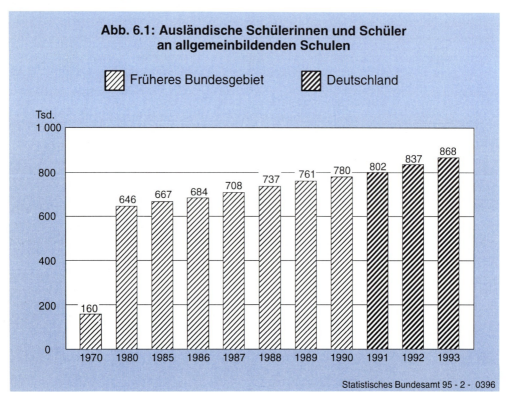

Abb. 6.1: Ausländische Schülerinnen und Schüler an allgemeinbildenden Schulen

Früheres Bundesgebiet   Deutschland

Statistisches Bundesamt 95 - 2 - 0396

6.1 Besuch von allgemeinbildenden Schulen

In Deutschland besuchten 1993 insgesamt 9,6 Mill. Schülerinnen und Schüler eine allgemeinbildende Schule. 868 000 oder rund 9 % von ihnen waren ausländische Staatsangehörige. Im Vergleich zum Jahr 1970 hat sich die Zahl der ausländischen Schülerinnen und Schüler verfünffacht.

Die Ausländerinnen und Ausländer, die in den 60er Jahren aus den Anwerbeländern in das frühere Bundesgebiet kamen, waren größtenteils im erwerbsfähigen Alter und überwiegend männlichen Geschlechts. Im Laufe der Zeit nahm durch die Familienzusammenführungen die Anzahl der Ausländerinnen und die Zahl ausländischer Kinder zu. Diese Entwicklung spiegeln auch die Zahlen der an den allgemeinbildenden Schulen Lernenden wider.

Im Jahr 1970 besuchten im früheren Bundesgebiet 160 000 ausländische Schülerinnen und Schüler eine allgemeinbildende Schule. Das waren weniger als 2 % aller Schülerinnen und Schüler. Fünfzehn Jahre später, im Jahr 1985, waren es mit rund 667 000 mehr als viermal so viele ausländische Kinder und Jugendliche. 1990 besaßen knapp 780 000 oder 11 % aller Schülerinnen und Schüler eine ausländische Staatsangehörigkeit. Auch in der ehemaligen DDR lebten ausländische Staatsangehörige. Ihre Anzahl war jedoch weitaus geringer als im früheren Bundesgebiet.

Im Jahr 1991 besuchten lediglich 2 825 Kinder oder 0,4 % aller ausländischen Schülerinnen und Schüler eine allgemeinbildende Schule in den neuen Ländern und Berlin-Ost. 99,6 % der in Deutschland lebenden ausländischen Schülerinnen und Schüler besuchten in diesem Jahr eine Schule im früheren Bundesgebiet. Im Schulsystem der ehemaligen DDR haben die ausländischen Kinder und Jugendlichen keine große Rolle gespielt.

Die Schulkindergärten (für schulpflichtige, aber noch nicht schulreife Kinder) und die Vorklassen (für schulreife, aber noch nicht schulpflichtige Kinder) bereiten auf den Eintritt in die Grundschule vor. Rund 68 400 deutsche und 16 400 ausländische Kinder besuchten 1993 eine dieser vorschulischen Einrichtungen. Das waren weniger als 1 % der deutschen und knapp 2 % der ausländischen Schülerinnen und Schüler.

Die Grundschule, die in der Regel vier Schuljahre umfaßt, besuchen alle Kinder gemeinsam. Im Jahr 1993 waren es 3,1 Mill. deutsche und 329 600 ausländische Kinder. Gemessen an der Gesamtzahl der Schülerinnen und Schüler waren dies 36 % der deutschen und 38 % der ausländischen Schulkinder.

Die Schuljahre fünf und sechs dienen in der Regel der Förderung und Orientierung aller Kinder im Hinblick auf ihre weitere Schullaufbahn. Die Wahl der weiterführenden Schulart – Hauptschule, Realschule, Gymnasium, Gesamtschule oder Freie Waldorfschule – richtet sich nach den in der Schule erbrachten Leistungen, der Empfehlung der Grundschule und dem Elternwunsch. Hier gibt es deutliche Unterschiede zwischen den ausländischen Schülerinnen und Schülern und ihren deutschen Mitschülern. 250 200 oder rund 29 % aller ausländischen Kinder und Jugendlichen besuchten 1993 eine schulartunabhängige Orientierungsstufe, eine Hauptschule oder Integrierte Klassen für Haupt- und Realschüler, während dies von den deutschen Schülerinnen und Schülern lediglich 18 % waren. Realschüler waren 75 300 bzw. 8,7 % und Gymnasiasten 84 500 oder 9,7 % der ausländischen Schülerinnen und Schüler. Dagegen besuchten 1993 insgesamt über 23 % der deutschen Schülerinnen und Schüler ein Gymnasium.

Seit 1970 ist der Anteil derjenigen, die ein Gymnasium besuchen, an den ausländischen Schülerinnen und Schülern nur wenig von knapp 8 auf knapp 10 % gestiegen. Dagegen hat sich der Anteil der Realschülerinnen und -schüler fast verdreifacht.

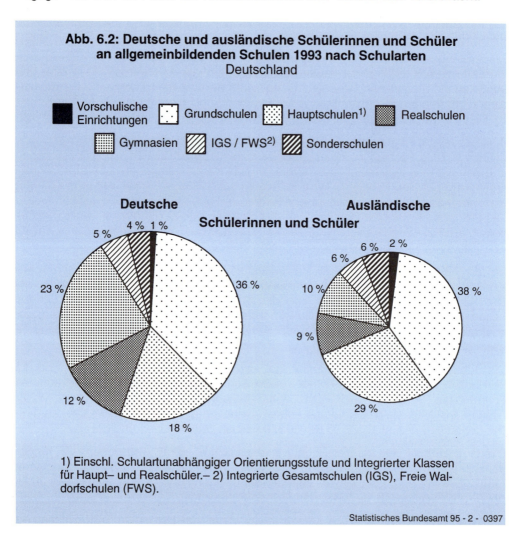

Abb. 6.2: Deutsche und ausländische Schülerinnen und Schüler an allgemeinbildenden Schulen 1993 nach Schularten
Deutschland

■ Vorschulische Einrichtungen ▫ Grundschulen ▨ Hauptschulen[1] ▨ Realschulen

▨ Gymnasien ▨ IGS / FWS[2] ▨ Sonderschulen

Deutsche
Schülerinnen und Schüler

5 % 4 % 1 %
23 %
36 %
12 %
18 %

Ausländische
Schülerinnen und Schüler

6 % 6 % 2 %
10 %
38 %
9 %
29 %

1) Einschl. Schulartunabhängiger Orientierungsstufe und Integrierter Klassen für Haupt– und Realschüler.– 2) Integrierte Gesamtschulen (IGS), Freie Waldorfschulen (FWS).

Statistisches Bundesamt 95 - 2 - 0397

Der Anteil ausländischer Schülerinnen und Schüler war 1993 bei den Hauptschulen und Schulkindergärten mit jeweils einem Fünftel besonders hoch. Dagegen lag er bei den Grundschulen bei 9 % und bei den Realschulen und Gymnasien bei 6,8 bzw. 4 %. Der Anteil ausländischer Kinder und Jugendlicher an den Sonderschulen betrug knapp 14 %.

Eine deutliche Mehrheit der ausländischen Schülerinnen und Schüler gehört einem europäischen Staat an. 1993 waren es 83,8 %. Knapp 8,6 % waren Angehörige einer asiatischen Nation, und 4,4 % besaßen den Paß eines afrikanischen Staates.

Tab. 6.1: Deutsche und ausländische Schülerinnen und Schüler an allgemeinbildenden Schulen 1970 - 1993 nach Schularten

1 000

Schulart	Schuljahr						
	1970	1980	1985	1990	1991	1992	1993
	Früheres Bundesgebiet				Deutschland		
Deutsche Schülerinnen und Schüler							
Vorklassen	-	-	.	28	32	33	34
Schulkindergärten[1]	31	52	49	29	31	32	34
Grundschulen	-	-	-	2 240	3 087	3 106	3 145
Schulartunabhängige Orientierungsstufe [2]	6 210	4 518	3 345	193	343	366	347
Hauptschulen	-	-	-	843	865	871	883
Integrierte Klassen für Haupt- u. Realschüler	-	-	-	-	137	355	355
Oberschulen[3]	-	-	-	-	356	-	-
Realschulen	881	1 322	998	795	967	983	1 031
Gymnasien	1 367	2 079	1 692	1 473	1 784	1 964	2 031
Integrierte Gesamtschulen	-	210	157	205	339	388	411
Freie Waldorfschulen	-	-	38	49	52	55	58
Sonderschulen	318	327	232	207	298	312	320
Abendhauptschulen	-	-	1	0	1	1	1
Abendrealschulen	9	8	8	8	12	9	9
Abendgymnasien	10	16	16	16	20	19	17
Kollegs	6	10	11	13	18	14	14
Deutschland	-	-	-	-	8 341	8 508	8 691
Nachrichtlich:							
Früheres Bundesgebiet	8 832	8 541	6 546	6 102	6 193	-	-
Neue Länder und Berlin-Ost	-	-	-	-	2 148	-	-
Ausländische Schülerinnen und Schüler							
Vorklassen	-	-	-	5	6	6	7
Schulkindergärten[1]	1	10	11	7	8	9	9
Grundschulen	-	-	-	294	299	313	330
Schulartunabhängige Orientierungsstufe [2]	138	527	483	25	27	29	29
Hauptschulen	-	-	-	211	212	218	219
Integrierte Klassen für Haupt- u. Realschüler	-	-	-	-	-	1	2
Oberschulen[3]	-	-	-	-	0	-	-
Realschulen	5	29	51	70	72	74	75
Gymnasien	12	40	57	77	81	83	85
Integrierte Gesamtschulen	-	10	22	41	44	49	54
Freie Waldorfschulen	-	-	1	1	1	1	1
Sonderschulen	4	28	40	44	46	49	51
Abendhauptschulen	-	-	0	0	0	0	0
Abendrealschulen	-	1	1	3	4	3	3
Abendgymnasien	-	1	1	1	1	1	1
Kollegs	-	0	-	0	0	0	0
Deutschland	-	-	-	-	802	837	868
Nachrichtlich:							
Früheres Bundesgebiet	160	646	667	780	799	-	-
Neue Länder und Berlin-Ost	-	-	-	3	-	-

1) Bis 1985 einschl. Vorklassen. – 2) Bis 1985 einschl. Grund- und Hauptschulen. – 3) Schulart der ehem. DDR.

Tab. 6.2: Ausländische Schülerinnen und Schüler an allgemeinbildenden Schulen nach der Staatsangehörigkeit

1 000

Land der Staatsangehörigkeit	Schuljahr						
	1970	1980	1985	1990	1991	1992	1993
	Früheres Bundesgebiet				Deutschland		
Europa	140	598	598	655	664	689	727
EU-Länder	91	188	160	148	147	145	144
Belgien[1]	1	1	1	1	1	1	1
Dänemark............................	-	1	1	1	1	1	1
Frankreich	2	3	3	3	4	4	5
Griechenland........................	26	51	43	37	37	37	36
Großbritannien u. Nordirland	2	4	5	5	5	6	6
Irland	-	0	0	0	0	0	0
Italien.................................	35	77	69	71	70	69	69
Luxemburg	-	0	0	0	0	0	0
Niederlande..........................	6	6	5	4	3	3	4
Portugal..............................	2	19	12	11	11	11	11
Spanien	17	25	20	14	13	12	11
Übrige europäische Länder	49	410	438	506	517	544	583
Jugoslawien[2]......................	12	66	85	102	108	99	99
Norwegen............................	-	0	0	0	0	0	0
Österreich...........................	5	12	10	8	7	7	7
Polen	-	1	3	14	14	14	16
Schweiz..............................	1	1	1	1	1	1	2
Ehem. Tschechoslowakei	1	1	1	2	2	3	3
Türkei	27	322	331	361	361	360	362
Sonstige [3]	3	7	6	18	23	61	95
Afrika.................................	1	7	15	30	32	33	38
Amerika..............................	7	9	8	9	9	9	11
Asien.................................	3	14	23	53	61	64	74
Australien und Ozeanien	0	0	0	0	0	0	0
Sonstige..............................	9	18	24	32	35	40	17
Staatenlos	2	2	1	2	2	2	2
Ungeklärt	0	0	0	1	1	1	.
Ohne Angabe....................	7	16	22	29	31	36	15
Insgesamt	160	646	669	780	802	837	868
Nachrichtlich:							
Früheres Bundesgebiet	160	646	669	780	799	.	.
Neue Länder und Berlin-Ost..........	-	-	-	-	3	.	.

1) In Bayern und Hamburg: Beneluxländer. – 2) 1992 ohne Bosnien-Herzegowina, Kroatien, Slowenien, aber einschließlich, 1993 jedoch ohne, der ehem. jugoslawischen Republik Mazedonien, die seit 1992 bzw. 1993 selbständige Staaten sind. – 3) Ab 1992: Einschl. Bosnien-Herzegowina, Kroatien, Slowenien sowie ab 1993 der ehem. jugoslawischen Republik Mazedonien, die seit 1992 bzw. 1993 selbständige Staaten sind.

Die Zusammensetzung der aus dem europäischen Ausland stammenden Schülerinnen und Schüler hat sich im Zeitraum von 1970 bis 1993 erheblich verändert. 1970 kam fast die Hälfte der Schülerinnen und Schüler aus den „klassischen" Anwerbeländern Italien, Griechenland und Spanien. Aus der Türkei stammten damals 17 % der ausländischen

Schülerinnen und Schüler. 1993 kamen 41,7 % der ausländischen Kinder und Jugendlichen, die eine allgemeinbildende Schule besuchten, aus der Türkei. Nur noch 16,6 % stammten aus einem der Europäischen Union zugehörigen Land, darunter nur noch 13,4 % aus Italien, Griechenland und Spanien. Mit weitem Abstand zweitstärkstes Herkunftsland war mit 11,4 % das ehemalige Jugoslawien.

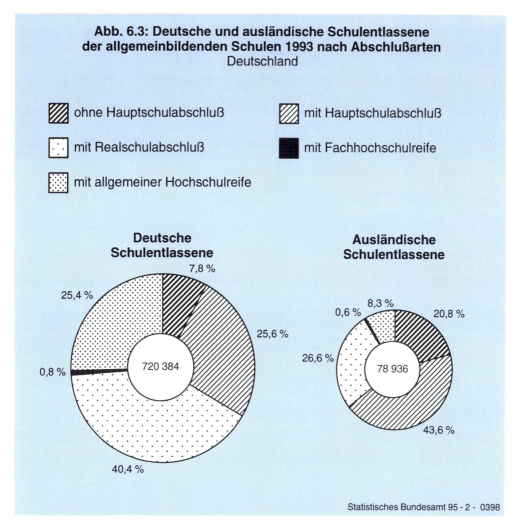

Abb. 6.3: Deutsche und ausländische Schulentlassene der allgemeinbildenden Schulen 1993 nach Abschlußarten
Deutschland

Statistisches Bundesamt 95 - 2 - 0398

Bei den ausländischen Schulentlassenen besteht ebenso wie bei den deutschen eine Tendenz zu höheren Bildungsabschlüssen. Aber im Vergleich zu deutschen schneiden die ausländischen Schulentlassenen in Bezug auf den Schulabschluß im Durchschnitt deutlich schlechter ab. Der Anteil der ausländischen Schülerinnen und Schüler, die das allgemeinbildende Schulsystem ohne Abschluß verließen, war 1993 fast dreimal so hoch wie bei ihren deutschen Mitschülerinnen und Mitschülern. Von den 79 000 ausländischen Schulentlassenen des Jahres 1993 verließ ein Fünftel das allgemeine Schulwesen ohne Hauptschulabschluß. 43,6 % der ausländischen Schulentlassenen erlangten den Hauptschulabschluß und 26,6 % einen mittleren Abschluß. Lediglich

8,9 % verließen die allgemeinbildende Schule mit Fachhochschul- oder allgemeiner Hochschulreife. Mit einem Anteil von 40,4 % erlangten dagegen die deutschen Schulentlassenen am häufigsten einen mittleren Bildungsabschluß, gefolgt von 26,2 % mit Fachhochschul- oder allgemeiner Hochschulreife und 25,6 % mit Hauptschulabschluß. Ohne Hauptschulabschluß verließen lediglich 7,8 % der deutschen Schulentlassenen die Schule.

6.2 Besuch von beruflichen Schulen

Die Anzahl der ausländischen Schülerinnen und Schüler, die eine Schule des beruflichen Schulwesens besuchen, hat beständig zugenommen. 1970 besuchten rund 25 600 ausländische Schülerinnen und Schüler eine berufliche Schule, 1980 waren es mit 101 000 fast viermal so viele. Zwischen 1985 und 1993 ist die Anzahl der ausländischen Schülerinnen und Schüler nochmals von 120 900 auf 231 400 angewachsen. Der Anteil der Ausländerinnen und Ausländer an allen beruflichen Schülern ist von kaum mehr als 1 % im Jahr 1970 auf über 9 % 1993 angestiegen.

Die Mehrzahl der ausländischen Jugendlichen entscheidet sich nach der Beendigung der allgemeinbildenden Schullaufbahn für den Besuch einer Berufsschule. Da sie mehrheitlich (1993 zu 70 %) über einen Haupt- oder Realschulabschluß verfügen, setzen sie ihre Ausbildung in der Regel im dualen System von Berufsschule und Betrieb fort. Die Berufsschule ergänzt hier die gleichzeitig erfolgende praktische Ausbildung im Betrieb. Daneben wird die Berufsschule aber auch von ausländischen Jugendlichen unter 18 Jahren ohne Ausbildungsvertrag besucht, die noch der dreijährigen Teilzeit-

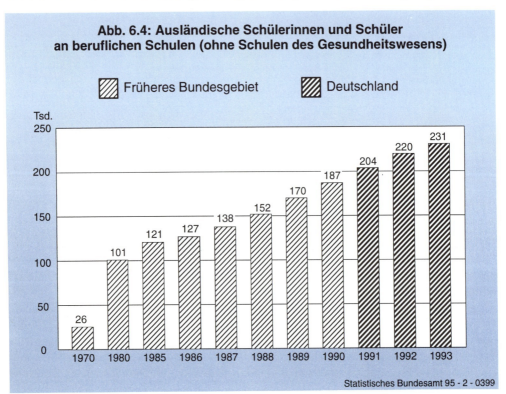

Abb. 6.4: Ausländische Schülerinnen und Schüler an beruflichen Schulen (ohne Schulen des Gesundheitswesens)

Statistisches Bundesamt 95 - 2 - 0399

Im Blickpunkt: Ausländische Bevölkerung in Deutschland

schulpflicht unterliegen. Im Jahr 1993 besuchten 145 900 ausländische Jugendliche eine Berufsschule. Dies waren 63 % aller ausländischen Jugendlichen an beruflichen Schulen. Ihr Anteil an allen Berufsschülern betrug gut 9 %.

Neben dem Besuch einer Berufsschule bestehen im deutschen beruflichen Schulwesen vielfältige Möglichkeiten, höherwertige Qualifikationen zu erlangen. Eine Gelegenheit dazu bietet der Besuch einer Berufsfachschule, für die sich 1993 insgesamt 32 500 Ausländerinnen und Ausländer entschieden. Bei den Berufsfachschulen handelt es sich in der Regel um Vollzeitschulen, die ein bis drei Jahre besucht werden und zur Berufsvorbereitung oder auch zur vollen Berufsausbildung dienen. Der Anteil der ausländischen Jugendlichen, die sich für die Berufsfachschule entschieden, hat sich von 1970 bis 1993 von 7 auf 14 % verdoppelt. Bemerkenswert ist, daß sich überproportional viele junge Ausländerinnen für diese Schulart entschieden. 1993 waren hier 56 % der ausländischen Lernenden weiblichen Geschlechts. Ihr Anteil an den ausländischen Jugendlichen, die eine Berufsschule besuchen, betrug dagegen lediglich knapp 40 %.

Tab. 6.3: Deutsche und ausländische Schülerinnen und Schüler an beruflichen Schulen

1 000

Schulart	Schuljahr						
	1970	1980	1985	1990	1991	1992	1993
	Früheres Bundesgebiet				Deutschland		
Deutsche Schülerinnen und Schüler							
Berufsschulen	1 579	1 778	1 815	1 349	1 565	1 537	1468
Berufsvorbereitungsjahr	1	28	27	14	20	24	33
Berufsgrundbildungsjahr	2	80	90	74	78	71	84
Berufsaufbauschulen	40	21	9	7	8	6	5
Berufsfachschulen	179	315	322	219	221	234	253
Fachoberschulen..........................	50	77	72	70	72	71	72
Fachgymnasien	21	54	59	59	67	74	77
Kollegschulen	-	25	49	56	59	62	64
Berufsober-/Techn. Oberschulen......	1	4	4	6	5	5	4
Fachschulen......................	128	83	88	113	143	159	150
Fachakademien/Berufsakademien ...	-	10	11	8	8	9	8
Deutschland......................	-	-	-	-	2 245	2 251	2218
Nachrichtlich:							
Früheres Bundesgebiet	2 001	2 475	2 548	1 976	1 919	-	-
Neue Länder und Berlin-Ost	-	-	-	-	325	-	-
Schulen des Gesundheitswesens	59	95	109	93	99	100	103
Ausländische Schülerinnen und Schüler							
Berufsschulen	21	70	78	120	132	142	146
Berufsvorbereitungsjahr	-	14	9	12	12	13	14
Berufsgrundbildungsjahr	-	-	6	10	10	10	11
Berufsaufbauschulen	-	-	0	0	0	0	0
Berufsfachschulen	2	11	17	26	28	30	32
Fachoberschulen..........................	1	2	3	4	5	5	5
Fachgymnasien	-	1	2	4	4	5	5
Kollegschulen	-	1	3	8	9	11	13
Berufsober-/Techn. Oberschulen......	0	0	0	0	0	0	0
Fachschulen......................	2	2	2	3	3	3	4
Fachakademien/Berufsakademien ...	-	-	0	0	0	0	0
Deutschland......................	-	-	-	-	204	220	231
Nachrichtlich:							
Früheres Bundesgebiet	26	101	121	187	202	-	-
Neue Länder und Berlin-Ost	-	-	-	-	2	-	-
Schulen des Gesundheitswesens	3	2	2	4	5	6	7

Das Berufsvorbereitungsjahr (BVJ) ist ein besonderer einjähriger Bildungsgang. Hier werden Jugendliche ohne Ausbildungsvertrag auf eine berufliche Ausbildung vorbereitet. Das Schülerklientel des BVJ besteht hauptsächlich aus Jugendlichen ohne Hauptschulabschluß. Da der Anteil der ausländischen Schulabgänger, die die allgemeinbildenden Schulen ohne Hauptschulabschluß verließen, in den vergangenen Jahren bei jeweils mehr als 20 % lag, ist ihr Anteil im BVJ ebenfalls sehr hoch. 13 600 bzw. 6 % der ausländischen Jugendlichen nahmen 1993 am BVJ teil. Ihr Anteil im BVJ lag bei 29 %. Das Berufsgrundbildungsjahr (BGJ) hat die Aufgabe, allgemeine und berufsfeldbezogene (z.B. Wirtschaft, Metall) fachtheoretische und fachpraktische Lerninhalte als berufliche Grundbildung zu vermitteln. Der erfolgreiche Besuch des BGJ wird großenteils auf die Berufsausbildung im dualen System angerechnet. Das BGJ wird vorwiegend von Schülerinnen und Schülern besucht, die einen Hauptschulabschluß erlangt haben. Da es sich hierbei um den von ausländischen Jugendlichen am häufigsten erlangten Abschluß handelt, war jeder achte Teilnehmende im BGJ ausländischer Nationalität. So nahmen 1993 insgesamt 11 000 bzw. fast 5 % aller ausländischen Jugendlichen am BGJ teil.

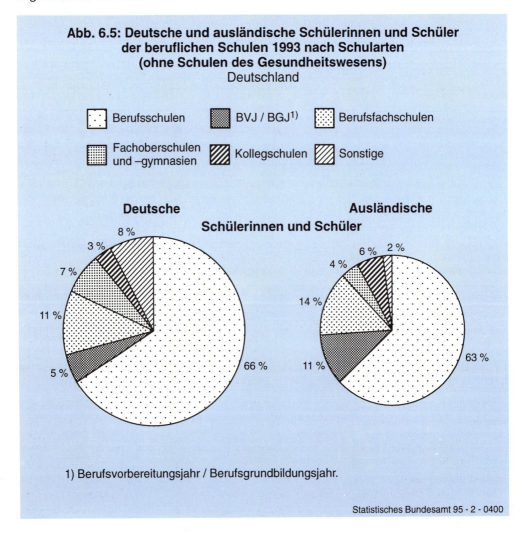

Abb. 6.5: Deutsche und ausländische Schülerinnen und Schüler der beruflichen Schulen 1993 nach Schularten (ohne Schulen des Gesundheitswesens)
Deutschland

1) Berufsvorbereitungsjahr / Berufsgrundbildungsjahr.

Statistisches Bundesamt 95 - 2 - 0400

Die Chancen zur Erlangung der Fachhochschulreife bzw. Hochschulreife, die die Fachoberschulen und Fachgymnasien bieten, werden nur von sehr wenigen ausländischen Jugendlichen wahrgenommen. Im Jahr 1993 besuchten insgesamt 10 300 oder 4 % der jungen Ausländerinnen und Ausländer eine der beiden Schularten.

Die deutschen Schülerinnen und Schüler an beruflichen Schulen besuchten ebenfalls mehrheitlich eine Berufsschule (66 %), 11 % entschieden sich für eine Berufsfachschule und 7 % für die Fachschule, deren Angebot zur Fortbildung seit Jahren von weniger als 2 % der ausländischen Schülerinnen und Schüler genutzt wird. Die Fachoberschule und das Fachgymnasium wählten im Jahr 1993 knapp 7 %, während BVJ und BGJ mit einem Anteil von zusammen 5 % eine deutlich geringere Rolle als bei den ausländischen Jugendlichen spielten.

Wie bei den allgemeinbildenden Schulen gehört die Mehrheit der ausländischen Schülerinnen und Schüler an beruflichen Schulen einer europäischen Nation an. Im Jahr 1993 entstammten 89 % der jungen Ausländerinnen und Ausländer einem europäischen Land, darunter 44 % allein der Türkei. 5 % der ausländischen Schülerinnen und Schüler waren Angehörige eines asiatischen und 3 % eines afrikanischen Staates. Aus den ehemals bedeutenden Herkunftsländern Italien, Griechenland und Spanien, denen 1970 noch 37 % der ausländischen Schülerinnen und Schüler an beruflichen Schulen angehörten, stammten 1993 nur noch 16 Prozent. Aber auch der Anteil junger Türkinnen und Türken ist rückläufig, nachdem ihr Anteil an den ausländischen Jugendlichen im beruflichen Schulwesen zwischen 1970 und 1980 von 10 auf 53 % angestiegen war.

Im Jahr 1993 verließen gut 82 000 Ausländerinnen und Ausländer das berufliche Schulwesen. Von ihnen hatten 44 700 (54 %) die Berufsschule, 12 900 (16 %) das BVJ und das BGJ sowie 13 800 (17 %) die Berufsfachschule beendet. Ein Drittel der ausländischen Absolventinnen und Absolventen verließ die Schule mit einem Abgangszeugnis, d.h. ohne einen schulartspezifischen Abschluß. Seit 1989 steigt der Anteil der ausländischen Schülerinnen und Schüler ohne Abschluß wieder an, nachdem ihr Anteil 1988 erstmals unter die 30-Prozent-Marke gefallen war. Fast zwei Drittel der ausländischen Absolventinnen und Absolventen erlangten ein Abschlußzeugnis. In 54 % der Fälle war dies das Abschlußzeugnis der Berufsschule. Im Vergleich dazu verließen von den 860 000 deutschen Schulentlassenen 13 % die Schule mit einem Abgangszeugnis und 85 % mit einem Abschlußzeugnis, darunter die Mehrheit mit dem der Berufsschule.

Die beruflichen Schulen in Deutschland bieten ihren Schülerinnen und Schülern neben der berufsbezogenen Wissensvermittlung auch die Möglichkeit, einen höherwertigen allgemeinbildenden Abschluß zu erlangen. Von den rund 82 000 ausländischen Schulentlassenen des Jahres 1993 nutzten rund 13 560 die Chance, eine allgemeinbildende Abschlußqualifikation zu erlangen. Etwa 5 100 holten den Hauptschulabschluß nach, 4 160 erlangten einen mittleren Abschluß, 3 250 die Fachhochschulreife und 1 050 die allgemeine oder fachgebundene Hochschulreife.

Die Schulen des Gesundheitswesens vermitteln die Ausbildung für nichtakademische Gesundheitsberufe (z.B. Kranken- und Kinderkrankenschwestern, Hebammen, Masseure, Beschäftigungstherapeutinnen, medizinische Bademeister u.a.m.). Sie setzen bei ihren Schülerinnen und Schülern in der Regel voraus, daß sie das 18. Lebensjahr vollendet und eine einschlägige Berufsausbildung vorzuweisen haben bzw. eine die Ausbildung vorbereitende schulische Einrichtung besucht haben. 1993 nahmen knapp 7 500 ausländische Schülerinnen und Schüler an einer an den Schulen des Gesundheitswesens durchgeführten Ausbildung teil. Das waren 7 % aller Schülerinnen und

Schüler an den entsprechenden Schulen. 82 % der ausländischen Gesundheitsschüler waren weiblichen Geschlechts. Die Anzahl der ausländischen Schülerinnen und Schüler an Gesundheitsschulen ist im Zeitablauf deutlichen Schwankungen unterworfen. Während sie 1980 mit 1 660 Ausländerinnen und Ausländern an Gesundheitsschulen einen Tiefpunkt erreicht hatte, ist seitdem eine beständige Zunahme mit dem bislang höchsten Stand im Jahr 1993 zu verzeichnen.

Tab. 6.4: Ausländische Schülerinnen und Schüler an beruflichen Schulen nach der Staatsangehörigkeit*)

1 000

Land der Staatsangehörigkeit	Schuljahr						
	1970	1980	1985	1990	1991	1992	1993
	Früheres Bundesgebiet				Deutschland		
Europa	19	95	111	169	183	197	206
EU-Länder[1]	12	30	35	44	45	47	47
Belgien	0	1	1	0	0	1	1
Dänemark	0	0	0	0	0	0	0
Frankreich	1	1	1	1	1	1	1
Griechenland	3	6	7	10	11	12	12
Großbritannien u. Nordirland	0	1	1	1	1	1	1
Irland	-	0	0	0	0	0	0
Italien	5	13	15	19	20	21	21
Luxemburg	0	0	0	0	0	0	0
Niederlande	2	2	2	2	2	2	2
Portugal	0	2	3	4	4	4	4
Spanien	2	5	6	6	6	6	5
Übrige europäische Länder	6	64	76	125	138	150	159
Bosnien-Herzegowina	-	-	-	-	-	1	3
Jugoslawien[2]	2	7	11	29	34	26	24
Kroatien	-	-	-	-	-	9	12
Norwegen	-	0	0	-	0	0	0
Österreich	1	2	3	4	4	4	3
Polen	0	0	0	1	2	2	3
Schweiz	0	0	0	0	0	0	0
Slowenien	-	-	-	-	-	1	1
Ehem. Tschechoslowakei	-	0	0	0	1	1	1
Türkei	3	54	58	87	93	99	103
Sonstige	0	-	1	4	4	6	8
Afrika	0	1	2	5	6	7	8
Amerika	1	1	2	2	2	2	2
Asien	1	2	4	8	10	11	11
Australien und Ozeanien	0	0	0	0	0	0	0
Sonstige	5	2	3	2	3	3	4
Staatenlos	-	-	0	0	0	0	0
Ungeklärt	-	-	0	0	0	0	1
Ohne Angabe	4	2	3	2	2	3	3
Insgesamt	26	101	121	187	204	220	231

*) Ohne Schulen des Gesundheitswesens. - 1) Einschl. Griechenland, Portugal und Spanien, die seit 1.1.1981 (Griechenland) bzw. 1.1.1986 (Portugal und Spanien) Mitglied der Europäischen Union sind. - Ohne Finnland, Österreich und Schweden, die seit dem 1.1.1995 Vollmitgleid der Europäischen Union sind. – 2) Bis 1991 einschl. Kroatien, Slowenien und Bosnien-Herzegowina sowie der ehem. jugoslawischen Republik Mazedonien, die seit 1992 bzw. 1993 selbständige Staaten sind. Ab 1992 einschl. der ehem. jugoslawischen Republik Mazedonien, die seit 1993 ein selbständiger Staat ist.

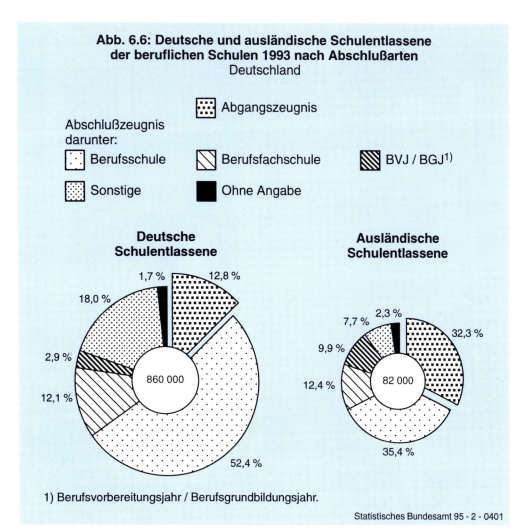

**Abb. 6.6: Deutsche und ausländische Schulentlassene
der beruflichen Schulen 1993 nach Abschlußarten**
Deutschland

Abgangszeugnis

Abschlußzeugnis
darunter:

Berufsschule Berufsfachschule BVJ / BGJ[1]

Sonstige Ohne Angabe

**Deutsche
Schulentlassene**

1,7 % 12,8 %
18,0 %
2,9 %
860 000
12,1 %
52,4 %

**Ausländische
Schulentlassene**

7,7 % 2,3 %
9,9 % 32,3 %
12,4 % 82 000
35,4 %

1) Berufsvorbereitungsjahr / Berufsgrundbildungsjahr.

Statistisches Bundesamt 95 - 2 - 0401

6.3 Betriebliche Berufsausbildung

Wer aufgrund eines Ausbildungsvertrages nach dem Berufsbildungsgesetz eine betriebliche Berufsausbildung in einem anerkannten Ausbildungsberuf durchläuft, wird
als Auszubildende bzw. Auszubildender bezeichnet; früher war der Begriff „Lehrling"
gebräuchlich. Die Ausbildung erfolgt in einem dualen System, in dem das unmittelbare
Lernen am Arbeitsplatz oder in den betrieblichen bzw. überbetrieblichen Ausbildungs-
werkstätten verbunden wird mit dem gleichzeitigen Besuch einer Berufsschule mit
Teilzeitunterricht. Nicht zu den Auszubildenden zählen: Praktikantinnen und Praktikan-
ten, Volontärinnen und Volontäre, Umschülerinnen und Umschüler und Rehabilitanden
sowie Personen, deren Ausbildung ausschließlich an beruflichen Schulen (z.B. Schulen
des Gesundheitswesens) erfolgt, oder die in einem öffentlich-rechtlichen Dienstverhältnis ausgebildet werden (z.B. Beamte im Vorbereitungsdienst).

Die Auskunftspflicht zur Berufsbildungsstatistik liegt nicht bei den Auszubildenden
selbst, sondern bei den für die Berufsausbildung zuständigen Stellen. Das sind u.a.
Industrie- und Handelskammern, Handwerkskammern, Landwirtschaftskammern, die

berufsständischen Kammern (z.B. Ärzte-, Apotheker-, Rechtsanwaltskammern) sowie Behörden. Nach deren Datenbeständen kann eine Unterscheidung der Auszubildenden nach Staatsangehörigkeit nur nach wenigen ausgewählten Merkmalen erfolgen.

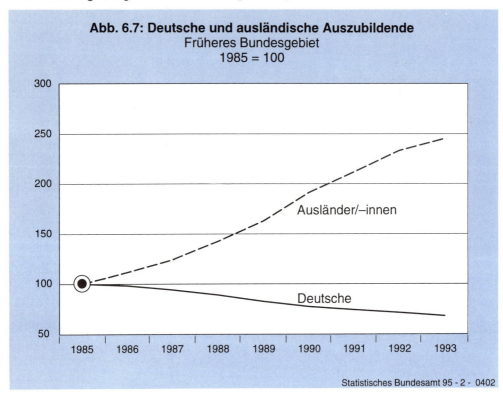

Abb. 6.7: Deutsche und ausländische Auszubildende
Früheres Bundesgebiet
1985 = 100

Statistisches Bundesamt 95 - 2 - 0402

Im Berichtsjahr 1993 standen in Deutschland 126 000 junge Ausländerinnen und Ausländer in einer betrieblichen Berufsausbildung. Fast alle (99,8 %) wurden im früheren Bundesgebiet ausgebildet, wo der Anteil der ausländischen Auszubildenden an den Auszubildenden insgesamt 9,4 % erreichte. In den neuen Ländern dagegen spielen ausländische Auszubildende kaum eine Rolle, da ihr Anteil an den Auszubildenden insgesamt noch unter 1% liegt. Die nachfolgende Betrachtung beschränkt sich deshalb weitgehend auf die Situation im früheren Bundesgebiet.

Tab. 6.5: Ausländische Auszubildende 1993 nach Ausbildungsbereichen*)

Ausbildungsbereich	Deutschland	Früheres Bundesgebiet	Neue Länder und Berlin-Ost
Industrie und Handel[1]	54 697	54 547	150
Handwerk	55 646	55 605	41
Landwirtschaft	365	357	8
Öffentlicher Dienst	2 125	2 116	9
Freie Berufe	13 203	13 203	-
Hauswirtschaft	336	336	-
Seeschiffahrt	2	2	-
Insgesamt	126 374	126 166	208

*) Vorläufiges Ergebnis. – 1) Einschl. Banken, Versicherungen, Gast- und Verkehrsgewerbe.

Nahezu 90 % der Ausbildungsplätze der ausländischen Auszubildenden fielen in die Zuständigkeitsbereiche der Industrie- und Handelskammern (43,3 % oder 55 000) sowie der Handwerkskammern (44,1 % oder 56 000). Eine größere Zahl junger Ausländerinnen und Ausländer (13 000) wurde im Bereich der Freien Berufe ausgebildet. Die Bedeutung der übrigen Ausbildungsbereiche für ausländische Jugendliche war eher gering.

Im früheren Bundesgebiet ist die Entwicklung der Zahl der Auszubildenden in den letzten Jahren durch gegenläufige Tendenzen gekennzeichnet. Während die Zahl der deutschen Auszubildenden sinkt, steigt die Zahl der ausländischen Auszubildenden stetig an. Ihre Zahl hat sich zwischen 1985 und 1993 mehr als verdoppelt.

Tab. 6.6: Auszubildende 1992 nach Ausbildungsbereichen und Staatsangehörigkeit

Früheres Bundesgebiet

Land der Staatsangehörigkeit	Insgesamt	davon im Ausbildungsbereich					
		Industrie und Handel[1]	Handwerk	Landwirtschaft[2]	Öffentlicher Dienst[2]	Freie Berufe[2]	übrige Bereiche[3]
Deutsche	1 268 473	636 943	407 378	24 333	60 188	131 648	7 983
Ausländer/-innen..............	119 849	53 662	52 210	324	1 827	11 530	296
in %	8,6	7,8	11,4	1,3	2,9	8,1	3,6
davon EU-Länder							
Italien	11 420	4 819	5 535	10	197	813	46
Griechenland	6 471	2 626	3 176	5	105	543	16
Spanien	3 041	1 587	1 157	1	70	214	12
Portugal	2 254	1 119	923	1	27	169	15
Übriges Europa							
Türkei..........................	53 678	24 579	22 469	17	687	5 839	87
Jugoslawien[4]	21 790	10 716	8 725	10	447	1 849	43
Sonstige Staatsangehörigkeit und ohne Angabe........................	21 195	8 216	10 225	280	294	2 103	77

1) Einschl. Banken, Versicherungen, Gast- und Verkehrsgewerbe. – 2) Einschl. der Angaben für Berlin-Ost. – 3) Hauswirtschaft und Seeschiffahrt. – 4) Einschl. Kroatien, Slowenien und Bosnien-Herzegowina sowie der ehem. jugoslawischen Republik Mazedonien, die seit 1992 bzw. 1993 selbständige Staaten sind.

Entsprechend ihrem Anteil an der Gesamtbevölkerung im früheren Bundesgebiet stellten junge Türkinnen und Türken unter den ausländischen Auszubildenden 1992 die größte Nationalitätengruppe (44,8 %). Mit Abstand folgten Jugendliche mit jugoslawischer (18,2 %), italienischer (9,5 %) und griechischer Nationalität (5,4 %). Spanische (2,5 %) und portugiesische Staatsangehörige (1,9 %) sind nur in geringem Umfang unter den Auszubildenden in der dualen Berufsausbildung vertreten. Bei einer Bewertung dieser Aufgliederung sollte allerdings nicht übersehen werden, daß für einen großen Teil der ausländischen Auszubildenden (17,7 %) die Staatsangehörigkeit nicht näher spezifiziert wurde.

Fachliche Schwerpunkte in der Berufsausbildung junger Ausländerinnen und Ausländer bildeten 1992 die gewerblich-technischen Berufe; ihr Anteil lag insgesamt bei 66,9 %. Die entsprechenden Ausbildungsplätze sind vorwiegend im Handwerk zu finden. Im Ausbildungsbereich Industrie und Handel waren ausländische Auszubildende relativ gleichgewichtig in gewerblichen (industriellen) und kaufmännischen Berufen (Büro/Verkauf) vertreten. 72 % (8 333) der Auszubildenden im Bereich der Freien Berufe wurden in Arzthelferberufen ausgebildet. Die Ausbildung für die übrigen 28 % (3 197) dieses Ausbildungsbereichs erfolgte in Apotheken sowie in Rechtsanwalts- und Notarkanzleien.

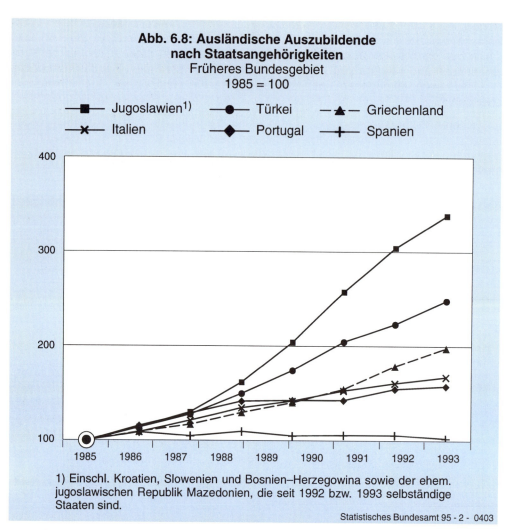

Abb. 6.8: Ausländische Auszubildende
nach Staatsangehörigkeiten
Früheres Bundesgebiet
1985 = 100

──■── Jugoslawien[1]	──●── Türkei	──▲── Griechenland
──✕── Italien	──◆── Portugal	──+── Spanien

1) Einschl. Kroatien, Slowenien und Bosnien–Herzegowina sowie der ehem. jugoslawischen Republik Mazedonien, die seit 1992 bzw. 1993 selbständige Staaten sind.

Statistisches Bundesamt 95 - 2 - 0403

Tab. 6.7: Ausländische Auszubildende 1992 nach Ausbildungsbereichen
und Art der Ausbildungsberufe

Früheres Bundesgebiet

Ausbildungsbereich	Insgesamt	davon in			
		gewerblich-technischen Berufen		kaufmännischen und sonstigen Berufen	
		Anzahl	%	Anzahl	%
Industrie und Handel[1]	53 662	29 631	55,2	24 031	44,8
Handwerk	52 210	49 479	94,8	2 731	5,2
Landwirtschaft[2]	324	324	100	-	-
Öffentlicher Dienst[2]	1 827	724	39,6	1 103	60,4
Freie Berufe[2]	11 530	-	-	11 530	100
Übrige[2]	296	5	1,7	291	98,3
Insgesamt	**119 849**	**80 163**	**66,9**	**39 686**	**33,1**

1) Einschl. Banken, Versicherungen, Gast- und Verkehrsgewerbe. – 2) Einschl. der Angaben für Berlin-Ost.

6.4 Studium

Die amtliche Hochschulstatistik liefert Angaben darüber, wieviele ausländische Studierende welcher Staatsangehörigkeit in welchem Studienfach an den Hochschulen in
Deutschland eingeschrieben sind. Zu den Hochschulen werden alle Universitäten,
Gesamthochschulen, pädagogischen und theologischen Hochschulen, Kunsthochschulen, Fachhochschulen sowie Verwaltungsfachhochschulen gezählt, soweit sie
staatlich anerkannt sind.

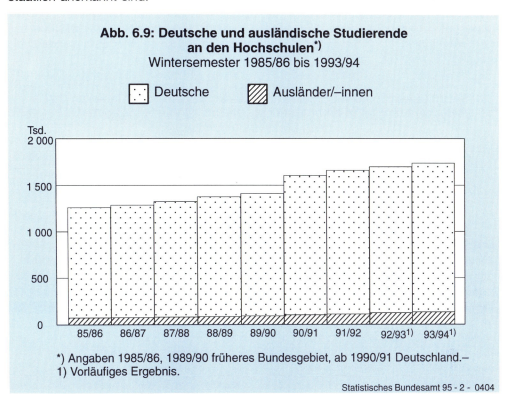

**Abb. 6.9: Deutsche und ausländische Studierende
an den Hochschulen*)**
Wintersemester 1985/86 bis 1993/94

*) Angaben 1985/86, 1989/90 früheres Bundesgebiet, ab 1990/91 Deutschland.–
1) Vorläufiges Ergebnis.

Statistisches Bundesamt 95 - 2 - 0404

An den Hochschulen in Deutschland waren im Wintersemester 1993/94 nach vorläufigen Ergebnissen 134 000 ausländische Studierende eingeschrieben, darunter 51 600
(38,5 %) Frauen. Der Anteil ausländischer Studierender an den Studierenden insgesamt
lag in Deutschland bei 7,1 %; im früheren Bundesgebiet war der Anteil mit 7,4 %
deutlich höher als in den neuen Ländern und Berlin-Ost (4,7 %). Gegenüber dem
Wintersemester 1992/93, als 125 000 Ausländerinnen und Ausländer an deutschen
Hochschulen studierten, ist der Anteil um 0,3 Prozentpunkte gestiegen.

Tab. 6.8: Ausländische Studierende an den Hochschulen in Deutschland im Wintersemester 1993/94*)

Gebiet	Ausländische Studierende		Dar. im 1. Hochschulsemester	
	insgesamt	weiblich	insgesamt	weiblich
Deutschland	133 965	51 624	24 024	11 148
Früheres Bundesgebiet.....................	126 266	48 895	22 191	10 273
Neue Länder und Berlin-Ost	7 699	2 729	1 833	875

*) Vorläufiges Ergebnis.

Insgesamt 24 000 ausländische Studierende befanden sich im Wintersemester 1993/94 in ihrem ersten Hochschulsemester an einer deutschen Hochschule. Davon waren 22 200 Studienanfängerinnen und -anfänger an einer Hochschule in den alten und 1 800 in den neuen Ländern eingeschrieben.

Detaillierte hochschulstatistische Ergebnisse zur Staatsangehörigkeit und zur Studienfachwahl der ausländischen Studierenden lagen bei Redaktionsschluß nur für das frühere Bundesgebiet und bis zum Wintersemester 1991/92 vor. In diesem Wintersemester waren 107 900 ausländische Studierende an den Hochschulen im früheren Bundesgebiet eingeschrieben. Unter ihnen bildeten türkische Staatsangehörige mit einem Anteil von 13,4 % die stärkste Nationalitätengruppe vor Studierenden mit iranischer (9,9 %) und griechischer Nationalität (6,3 %).

Tab. 6.9: Ausländische Studierende und Studienanfänger/-innen an den Hochschulen im früheren Bundesgebiet im Wintersemester 1991/92 nach Staatsangehörigkeit

Land der Staatsangehörigkeit	Insgesamt				Darunter im 1. Hochschulsemester			
	insgesamt		weiblich		zusammen		weiblich	
	Anzahl	%	Anzahl	%	Anzahl	%	Anzahl	%
Europa	58 430	54,1	24 323	61,3	13 127	63,7	6 194	68,6
EU-Länder[1]	25 102	23,3	11 618	29,3	6 366	30,9	3 435	38,1
darunter:								
Frankreich	3 994	3,7	2 513	6,3	1 532	7,4	965	10,7
Griechenland	6 754	6,3	2 639	6,6	857	4,2	392	4,3
Großbritannien u. Nordirland........	2 261	2,1	1 135	2,9	978	4,7	592	6,6
Italien	3 738	3,5	1 793	4,5	945	4,6	509	5,6
Niederlande	2 199	2,0	779	2,0	439	2,1	161	1,8
Spanien	2 807	2,6	1 334	3,4	672	3,3	349	3,9
Übriges Europa...............	33 328	30,9	12 705	32,0	6 761	32,8	2 759	30,6
Jugoslawien[2]	4 114	3,8	1 807	4,6	1 050	5,1	451	5,0
Österreich........................	5 513	5,1	2 022	5,1	1 026	5,0	406	4,5
Polen	2 111	2,0	1 110	2,8	406	2,0	211	2,3
Türkei	14 479	13,4	4 267	10,7	2 420	11,7	785	8,7
Afrika................................	7 569	7,0	957	2,4	1 306	6,3	170	1,9
Amerika............................	8 643	8,0	3 922	9,9	2 334	11,3	1 171	13,0
dar. Vereinigte Staaten	4 229	3,9	2 045	5,1	1 662	8,1	853	9,5
Asien................................	31 817	29,5	10 194	25,7	3 689	17,9	1 431	15,9
darunter:								
China................................	5 168	4,8	2 084	5,2	938	4,6	406	4,5
Indonesien	2 178	2,0	520	1,3	218	1,1	64	0,7
Iran	10 723	9,9	2 930	7,4	815	4,0	264	2,9
Korea, Republik	4 486	4,2	2 101	5,3	504	2,4	252	2,8
Australien und Ozeanien	168	0,2	86	0,2	37	0,2	21	0,2
Staatenlos, ohne Angabe...............	1 307	1,2	228	0,6	122	0,6	36	0,4
Insgesamt...................	**107 934**	**100**	**39 710**	**100**	**20 615**	**100**	**9 023**	**100**

1) Ohne Finnland, Österreich und Schweden, die seit dem 1.1.1995 Vollmitglied der Europäischen Union sind. – 2) Einschl. Kroatien, Slowenien und Bosnien-Herzegowina sowie der ehem. jugoslawischen Republik Mazedonien, die seit 1992 bzw. 1993 selbständige Staaten sind.

Die Belegung des Studienfachs durch die Studierenden ist stark abhängig vom Gebiet ihrer Herkunft. So studierten im Wintersemester 1991/92 knapp 60 % der Amerikanerinnen und Amerikaner sowie der Studierenden aus den Ländern der Europäischen Union (ohne Deutschland, Finnland, Österreich und Schweden) ein Fach aus den Bereichen „Sprach- und Kulturwissenschaften" oder „Rechts-, Wirtschafts- und Sozialwissenschaften". 60 % der Studierenden aus afrikanischen Ländern sowie 50 % der Asiatinnen und Asiaten waren demgegenüber in den Fächergruppen „Mathematik, Naturwissenschaften" oder „Ingenieurwissenschaften" eingeschrieben.

Tab. 6.10: Ausländische Studierende an den Hochschulen im früheren Bundesgebiet im Wintersemester 1991/92 nach Fächergruppen und Erdteil bzw. Gebiet der Herkunft

Fächergruppe	Insgesamt	Herkunft						
		Europa	dar. EU[1]	Afrika	Amerika	Asien	Australien und Ozeanien	Staatenlos, ohne Angabe
Anzahl								
Sprach- und Kulturwissenschaften	25 465	15 154	8 198	1 091	3 455	5 562	66	137
Rechts-, Wirtschafts- und Sozialwissenschaften	24 014	16 456	6 746	1 193	1 708	4 371	25	261
Mathematik, Naturwissenschaften	16 379	7 554	3 182	1 496	1 051	6 051	18	209
Humanmedizin	6 185	2 723	982	302	290	2 650	6	214
Ingenieurwissenschaften..........	26 970	12 259	4 071	3 021	1 148	10 113	18	413
Kunst, Kunstwissenschaften	5 361	2 708	1 186	73	586	1 925	32	37
Sonstige[2]	3 560	1 576	737	393	407	1 145	3	36
Insgesamt.............................	**107 934**	**58 430**	**25 102**	**7 569**	**8 643**	**31 817**	**168**	**1 307**
Prozent								
Sprach- und Kulturwissenschaften	23,6	25,9	32,7	14,4	40,0	17,5	39,3	10,5
Rechts-, Wirtschafts- und Sozialwissenschaften	22,2	28,2	26,9	15,8	19,8	13,7	14,9	20,0
Mathematik, Naturwissenschaften	15,2	12,9	12,7	19,8	12,2	19,0	10,7	16,0
Humanmedizin	5,7	4,7	3,9	4,0	3,4	8,3	3,6	16,4
Ingenieurwissenschaften..........	25,0	21,0	16,2	39,9	13,3	31,8	10,7	31,6
Kunst, Kunstwissenschaften	5,0	4,6	4,7	1,0	6,8	6,1	19,0	2,8
Sonstige[2]	3,3	2,7	2,9	5,2	4,7	3,6	1,8	2,8
Insgesamt.............................	*100*	*100*	*100*	*100*	*100*	*100*	*100*	*100*

1) Ohne Finnland, Österreich und Schweden, die seit dem 1.1.1995 Vollmitglied der Europäischen Union sind. – 2) Einschl. der Fächergruppen „Sport", „Veterinärmedizin" sowie „Agrar-, Forst- und Ernährungswissenschaften".

20 600 ausländische Studierende haben im Wintersemester 1991/92 ein Studium an den Hochschulen im früheren Bundesgebiet aufgenommen; die zahlenmäßig stärksten Herkunftsländer bei den Studienanfängerinnen und -anfängern waren 1991/92 nach der Türkei mit einem Anteil von 11,7 % die USA (8,1 %) und Frankreich (7,4 %).

Die hochschulstatistischen Daten zur Staatsangehörigkeit der ausländischen Studierenden erlauben nur sehr eingeschränkte Rückschlüsse auf den Gesamtanteil der jeweiligen Staatsangehörigkeit an der deutschen Bevölkerung, da der größte Teil der ausländischen Studierenden erst zum Studium nach Deutschland kommt. So hatten von den insgesamt 20 600 Studienanfängerinnen und -anfängern des Wintersemesters 1991/92 nur 7 000 schon ihre Hochschulzugangsberechtigung in Deutschland erworben. Von diesen 7 000 sogenannten Bildungsinländern kamen 5 400 oder 76,8 % aus dem europäischen Ausland, darunter 1 900 aus der Türkei sowie 800 aus dem ehemaligen Jugoslawien.

Tab. 6.11: Ausländische Studienanfänger/-innen an den Hochschulen im früheren Bundesgebiet im Wintersemester 1991/92 nach Staatsangehörigkeit

Land der Staatsangehörigkeit	Studienanfänger/-innen		Darunter Bildungsinländer[1]			
	insgesamt	weiblich	insgesamt		weiblich	
	Anzahl			%[2]	Anzahl	%[2]
Europa	13 127	6 194	5 357	40,8	2 153	34,8
EU-Länder[3]	6 366	3 435	1 705	26,8	717	20,9
darunter:						
Frankreich	1 532	965	127	8,3	65	6,7
Griechenland	857	392	402	46,9	182	46,4
Großbritannien u. Nordirland........	978	592	146	14,9	65	11,0
Italien...............................	945	509	393	41,6	160	31,4
Niederlande......................	439	161	202	46,0	78	48,4
Spanien	672	349	228	33,9	92	26,4
Übriges Europa..................	6 761	2 759	3 652	54,0	1 436	52,0
Jugoslawien[4]	1 050	451	816	77,7	356	78,9
Österreich........................	1 026	406	521	50,8	204	50,2
Polen	406	211	96	23,6	48	22,7
Türkei	2 420	785	1 872	77,4	653	83,2
Afrika..................................	1 306	170	222	17,0	42	24,7
Amerika...............................	2 334	1 171	311	13,3	140	12,0
dar. Vereinigte Staaten	1 662	853	193	11,6	92	10,8
Asien..................................	3 689	1 431	1 001	27,1	313	21,9
darunter:						
China..............................	938	406	45	4,8	19	4,7
Indonesien	218	64	39	17,9	12	18,8
Iran.................................	815	264	439	53,9	117	44,3
Korea, Republik	504	252	101	20,0	54	21,4
Australien und Ozeanien	37	21	11	29,7	5	23,8
Staatenlos, ohne Angabe................	122	36	72	59,0	27	75,0
Insgesamt..................................	**20 615**	**9 023**	**6 974**	**33,8**	**2 680**	**29,7**

1) Ausländische Studienanfänger/-innen mit Erwerb der Hochschulzugangsberechtigung in Deutschland. – 2) Anteil der Bildungsinländer an den Studienanfängerinnen und -anfängern. – 3) Ohne Finnland, Österreich und Schweden, die seit dem 1.1.1995 Vollmitglied in der Europäischen Union sind. – 4) Einschl. Kroatien, Slowenien und Bosnien-Herzegowina sowie der ehem. jugoslawischen Republik Mazedonien, die seit 1992 bzw. 1993 selbständige Staaten sind.

Im Blickpunkt: Ausländische Bevölkerung in Deutschland

7 Erwerbstätigkeit

7 Erwerbstätigkeit

Die ausländischen Bürgerinnen und Bürger sind in den vergangenen Jahrzehnten zu einem wichtigen Teil des wirtschaftlichen, sozialen, politischen und kulturellen Lebens in Deutschland geworden. Welche Bedeutung sie für den deutschen Arbeitsmarkt haben, läßt sich besonders gut an der Entwicklung der Zahl der ausländischen Erwerbstätigen ablesen. Sie betrug 1970 rund 1,7 Mill. und erreichte ihren vorläufigen Höchststand Mitte der 70er Jahre (1974 über 2,4 Mill.; 1975 knapp 2,2 Mill.). Bis Ende der 70er Jahre sank sie dann wieder ab bis auf rund 2,1 Mill., um später erneut tendenziell anzusteigen. 1993 betrug die Zahl der ausländischen Erwerbstätigen in Deutschland fast 3 Mill. Unter ihnen waren Männer und Frauen aus der Türkei (877 000) am stärksten vertreten, gefolgt von Erwerbstätigen aus dem ehemaligen Jugoslawien (490 000), Italienerinnen und Italienern (327 000) sowie Griechinnen und Griechen (200 000). Gegenüber 1975 hat sich die Zahl der ausländischen Erwerbstätigen um rund ein Drittel erhöht. Am stärksten war der Anstieg bei den französischen (80 %), niederländischen (66 %) und türkischen (55 %) Erwerbstätigen. Bemerkenswert ist, daß die Zahl der griechischen Erwerbstätigen in diesem Zeitraum um fast 27 % zurückging.

Tab. 7.1: Ausländische Erwerbstätige nach ausgewählten Staatsangehörigkeiten*)

Staatsangehörigkeit	Früheres Bundesgebiet						Deutschland	
	1975		1993		Veränderung 1993 gegenüber 1975		1993	
	insgesamt	dar. männlich	insgesamt	dar. männlich	insgesamt	dar. männlich	insgesamt	dar. männlich
	1 000				%		1 000	
Insgesamt	2 171	1 505	2 884	1 931	+ 32,8	+ 28,3	2 989	2 006
EU-Länder1)	424	301	888	597	+ 109,5	+ 97,9	895	600
darunter:								
Italien	323	236	325	240	+ 0,7	+ 2,0	327	241
Griechenland2)	272	159	200	126	- 26,5	- 21,9	200	126
Niederlande	41	29	68	45	+ 65,8	+ 58,7	69	46
Frankreich	27	16	49	29	+ 79,9	+ 73,8	50	29
Nicht-EU-Länder	1 748	1 204	1 996	1 334	+ 14,2	+ 10,8	2 094	1 406
darunter:								
Türkei	567	433	876	620	+ 54,5	+ 43,1	877	621
Jugoslawien3)	397	253	486	297	+ 22,5	+ 17,2	490	301
Österreich	89	62	119	77	+ 33,7	+ 24,2	122	79
Schweiz	13	8	19	9	+ 50,0	+ 16,7	20	9

*) Ergebnis des Mikrozensus. – 1) Ohne Finnland, Österreich und Schweden, die seit dem 1.1.1995 Vollmitglied der Europäischen Union sind. – 2) EU-Mitglied erst ab 1981. – In der Summe der EU-Länder 1975 nicht enthalten. – 3) Einschl. Kroatien, Slowenien und Bosnien-Herzegowina sowie der ehem. jugoslawischen Republik Mazedonien, die seit 1992 bzw. 1993 selbständige Staaten sind.

7.1 Erwerbsquoten in den Bundesländern

Nach dem Ergebnis des Mikrozensus gab es im April 1993 in Deutschland 40,2 Mill. Erwerbspersonen, unter denen sich etwa 3,5 Mill. Ausländerinnen und Ausländer befanden. Während der Anteil der ausländischen Bürgerinnen und Bürger an der Bevölkerung derzeit 8,3 % beträgt, macht er 8,8 % der Erwerbspersonen aus, d.h. jede elfte Erwerbsperson besaß im April 1993 nicht die deutsche Staatsangehörigkeit.

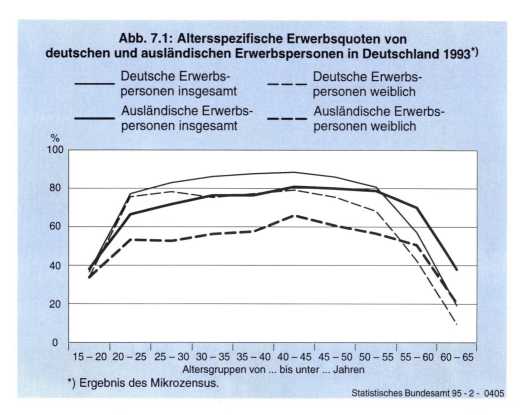

Abb. 7.1: Altersspezifische Erwerbsquoten von deutschen und ausländischen Erwerbspersonen in Deutschland 1993[*])

——— Deutsche Erwerbspersonen insgesamt

——— Ausländische Erwerbspersonen insgesamt

– – – Deutsche Erwerbspersonen weiblich

– – – Ausländische Erwerbspersonen weiblich

%

15 – 20 20 – 25 25 – 30 30 – 35 35 – 40 40 – 45 45 – 50 50 – 55 55 – 60 60 – 65

Altersgruppen von ... bis unter ... Jahren

*) Ergebnis des Mikrozensus.

Statistisches Bundesamt 95 - 2 - 0405

Im Vergleich zu 1978 lag der Anteil der Ausländerinnen und Ausländer an der Bevölkerung im früheren Bundesgebiet um 3,6 %, ihr Anteil an den Erwerbspersonen um 2,7 % höher. Die Familienzusammenführung und der Eintritt von Kindern in das erwerbsfähige Alter dürften für diese Entwicklung ausschlaggebend gewesen sein. Da die meisten ausländischen Staatsangehörigen zum Zweck der Arbeitsaufnahme in das frühere Bundesgebiet gekommen sind, weisen sie eine höhere allgemeine Erwerbsquote (52,5 %) auf als die deutsche Bevölkerung (49,3 %). Gegenüber 1978 ist die Erwerbsquote allerdings bei der ausländischen Bevölkerung im früheren Bundesgebiet um 2,4 Prozentpunkte zurückgegangen, bei den Deutschen hingegen um 5,5 Prozentpunkte gestiegen.

Unterschiede hinsichtlich der Erwerbsquoten bestehen auch zwischen den Bundesländern. Die höchste Erwerbsquote für Ausländerinnen und Ausländer wurde 1993 mit 60,2 % in Bayern festgestellt, für die Deutschen mit 53,8 % hingegen in Berlin. Die niedrigste Erwerbsquote für ausländische wie für deutsche Staatsangehörige weist das Saarland mit 39,7 bzw. 43,7 % auf.

7.2 Altersgruppen und Staatsangehörigkeit der Erwerbspersonen

Die im Durchschnitt höhere Erwerbsquote der ausländischen gegenüber der deutschen Bevölkerung weist in den einzelnen Altersgruppen eine unterschiedliche Verteilung auf. In der Altersgruppe der 35- bis unter 65jährigen ist die Erwerbsbeteiligung von Personen mit ausländischer Staatsangehörigkeit insgesamt höher als bei den Deutschen (75,6 % gegenüber 70,8 %).

Tab. 7.2: Deutsche und ausländische Bevölkerung und Erwerbsquoten im April 1993 nach Ländern*)

Land	Insgesamt		Deutsche Bevölkerung		Ausländische Bevölkerung	
	Bevölkerung	Erwerbs-quoten	zusammen	Erwerbs-quoten	zusammen	Erwerbs-quoten
	1 000	%[1]	1 000	%[1]	1 000	%[1]
Insgesamt						
Baden-Württemberg	10 176	50,5	8 898	49,9	1 278	54,9
Bayern	11 798	52,4	10 733	51,6	1 066	60,2
Berlin	3 470	54,0	3 091	53,8	379	54,9
Brandenburg	2 548	52,2	2 506	51,8	x	x
Bremen	685	47,9	602	48,4	83	44,3
Hamburg	1 697	50,4	1 456	50,9	241	47,4
Hessen	5 940	49,5	5 189	49,1	752	52,2
Mecklenburg-Vorpommern	1 860	52,2	1 841	52,0	x	x
Niedersachsen	7 596	48,1	7 161	48,1	435	47,9
Nordrhein-Westfalen	17 706	46,1	15 822	46,0	1 884	47,6
Rheinland-Pfalz	3 895	47,8	3 624	47,5	270	51,6
Saarland	1 084	43,4	1 008	43,7	76	39,7
Sachsen	4 630	50,3	4 573	49,9	x	x
Sachsen-Anhalt	2 792	50,4	2 759	50,5	x	x
Schleswig-Holstein	2 684	50,5	2 556	50,7	128	47,7
Thüringen	2 539	51,8	2 518	51,6	x	x
Deutschland	81 100	49,5	74 337	49,3	6 763	52,5
Nachrichtlich:						
Früheres Bundesgebiet	65 433	49,1	58 893	48,7	6 541	51,9
dar. Berlin-West	2 172	52,9	1 844	52,8	329	53,5
Neue Länder und Berlin-Ost	15 667	51,5	15 444	51,3	x	x
dar. Berlin-Ost	1 297	55,7	1 247	55,4	x	x
dar. weiblich						
Baden-Württemberg	5 194	41,3	4 619	41,1	575	42,5
Bayern	6 040	43,5	5 578	43,1	462	48,1
Berlin	1 814	47,1	1 637	47,3	177	45,2
Brandenburg	1 304	48,0	1 293	47,9	x	x
Bremen	355	39,2	318	39,9	37	33,0
Hamburg	882	42,4	778	43,1	104	37,3
Hessen	3 030	40,0	2 697	40,0	333	39,9
Mecklenburg-Vorpommern	951	48,6	945	48,5	x	x
Niedersachsen	3 894	38,6	3 705	38,7	189	36,3
Nordrhein-Westfalen	9 125	35,5	8 274	35,7	851	32,7
Rheinland-Pfalz	1 995	37,2	1 878	37,3	117	35,0
Saarland	559	31,3	525	31,8	33	23,5
Sachsen	2 432	46,3	2 414	46,1	x	x
Sachsen-Anhalt	1 450	46,6	1 441	46,7	x	x
Schleswig-Holstein	1 375	40,8	1 318	40,9	57	37,6
Thüringen	1 318	48,4	1 309	48,2	x	x
Deutschland	41 717	41,0	38 730	41,1	2 988	39,5
Nachrichtlich:						
Früheres Bundesgebiet	33 590	39,3	30 677	39,4	2 913	38,9
dar. Berlin-West	1 141	44,3	986	44,5	155	43,2
Neue Länder und Berlin-Ost	8 127	47,7	8 053	47,6	x	x
dar. Berlin-Ost	673	51,8	651	51,5	x	x

*) Ergebnis des Mikrozensus. – 1) Anteil der Erwerbspersonen an der Bevölkerung je Land, Geschlecht und Staatsangehörigkeit.

Tab. 7.3: Deutsche und ausländische Erwerbspersonen und Erwerbsquoten im April 1993 nach Altersgruppen und Staatsangehörigkeit der Erwerbspersonen*)

Alter von ... bis unter ... Jahren	Insgesamt			Deutsche Bevölkerung			Ausländische Bevölkerung		
	Erwerbs-personen	Erwerbs-quoten	dar. der Verheira-teten	Erwerbs-personen	Erwerbs-quoten	dar. der Verheira-teten	Erwerbs-personen	Erwerbs-quoten	dar. der Verheira-teten
	1 000	%^{1})		1 000	%^{1})		1 000	%^{1})	
Deutschland Insgesamt									
15 - 20	1 547	36,7	50,1	1 330	36,5	65,9	217	38,0	43,6
20 - 25	4 098	75,8	73,6	3 651	77,1	79,9	446	66,4	60,6
25 - 30	5 520	81,7	79,8	5 008	82,9	81,7	512	71,7	69,3
30 - 35	5 527	85,2	82,1	5 043	86,1	83,1	483	76,3	74,6
35 - 40	5 029	86,5	84,6	4 604	87,6	85,8	425	76,4	74,3
40 - 45	4 934	87,6	86,4	4 478	88,4	87,2	456	80,8	79,6
45 - 50	4 064	85,2	84,3	3 644	85,9	85,0	419	79,9	78,6
50 - 55	5 044	80,6	80,0	4 710	80,7	80,1	334	78,7	78,0
55 - 60	3 215	57,6	57,3	3 024	57,0	56,7	191	70,0	69,2
60 - 65	887	19,7	20,7	833	19,1	20,1	54	37,8	38,9
65 - 70	186	4,6	4,9	180	4,6	4,9	6	8,5	/
70 - 75	81	2,4	3,0	79	2,4	3,0	/	/	/
75 und mehr	48	0,9	1,4	46	0,9	1,4	/	/	/
Insgesamt............	40 179	49,5	62,4	36 631	49,3	61,6	3 548	52,5	70,5
dar. weiblich									
15 - 20	681	33,9	43,9	595	33,9	63,2	86	33,7	35,3
20 - 25	1 892	72,8	64,0	1 722	75,5	73,3	170	53,1	42,5
25 - 30	2 479	75,8	68,3	2 318	78,2	71,7	160	52,5	45,2
30 - 35	2 330	73,6	67,9	2 179	75,2	69,6	151	56,1	51,4
35 - 40	2 164	75,4	71,4	2 013	77,2	73,4	152	57,4	53,3
40 - 45	2 178	77,8	74,6	1 997	79,1	76,0	181	65,9	62,6
45 - 50	1 749	74,0	70,8	1 613	75,4	72,3	136	60,6	57,0
50 - 55	2 072	67,6	64,5	1 990	68,2	65,1	82	56,4	51,9
55 - 60	1 190	42,7	39,4	1 141	42,4	39,2	48	50,4	46,2
60 - 65	227	9,9	8,9	217	9,6	8,7	10	20,4	17,8
65 - 70	72	3,1	2,9	70	3,0	2,8	/	/	/
70 - 75	34	1,6	1,7	33	1,6	1,6	/	/	/
75 und mehr	21	0,6	/	21	0,6	/	/	/	/
Zusammen	17 091	41,0	52,2	15 911	41,1	52,4	1 180	39,5	49,8

*) Ergebnis des Mikrozensus. – 1) Anteil der Erwerbspersonen je Altersgruppe, Geschlecht und Staatsangehörigkeit.

In der Altersgruppe der 15- bis unter 35jährigen ist dagegen die Erwerbsquote der Deutschen (74,2 %) höher als diejenige der ausländischen Bevölkerung (64,0 %).

Der von 1970 bis 1981 im früheren Bundesgebiet beobachtete Trend, wonach die Erwerbsbeteiligung ausländischer Frauen kontinuierlich zurückgegangen ist, hat sich 1993 nicht fortgesetzt. 1970 waren 54,0 % aller ausländischen Frauen im früheren Bundesgebiet erwerbstätig, 1993 dagegen nur noch 38,9 %. Von 1992 bis 1993 wurde

Tab. 7.3: Deutsche und ausländische Erwerbspersonen und Erwerbsquoten im April 1993 nach Altersgruppen und Staatsangehörigkeit der Erwerbspersonen*)

Alter von ... bis unter ... Jahren	Insgesamt			Deutsche Bevölkerung			Ausländische Bevölkerung		
	Erwerbs-personen	Erwerbs-quoten	dar. der Verheira-teten	Erwerbs-personen	Erwerbs-quoten	dar. der Verheira-teten	Erwerbs-personen	Erwerbs-quoten	dar. der Verheira-teten
	1 000	%1)		1 000	%1)		1 000	%1)	
Früheres Bundesgebiet Insgesamt									
15 - 20	1 183	35,6	48,4	969	35,2	62,9	214	37,9	43,0
20 - 25	3 314	74,0	69,9	2 880	75,2	76,0	433	66,4	60,2
25 - 30	4 444	79,3	75,7	3 958	80,4	77,2	487	71,8	69,0
30 - 35	4 293	82,3	77,9	3 847	83,1	78,6	446	75,3	73,3
35 - 40	3 878	83,7	81,1	3 479	84,8	82,2	399	75,4	73,2
40 - 45	3 853	85,2	83,5	3 418	85,9	84,2	435	80,2	78,8
45 - 50	3 266	82,9	81,6	2 861	83,4	82,1	405	79,6	78,3
50 - 55	3 903	77,7	76,7	3 577	77,6	76,7	326	78,5	77,7
55 - 60	2 848	63,8	63,4	2 660	63,4	62,9	188	70,5	69,9
60 - 65	822	22,9	23,8	769	22,3	23,2	53	38,2	39,1
65 - 70	175	5,3	5,6	169	5,2	5,5	6	8,7	/
70 - 75	79	2,8	3,5	76	2,8	3,5	/	/	/
75 und mehr	47	1,1	1,7	45	1,0	1,6	/	/	/
Zusammen	32 104	49,1	60,8	28 708	48,7	59,7	3 396	51,9	70,0
Neue Länder und Berlin-Ost Insgesamt									
15 - 20	365	40,8	/	361	40,8	/	/	/	/
20 - 25	784	84,8	91,3	771	85,1	92,1	13	67,7	76,7
25 - 30	1 076	93,5	95,5	1 051	94,2	96,3	25	71,3	75,1
30 - 35	1 234	97,2	97,9	1 197	97,4	98,1	37	90,7	93,2
35 - 40	1 150	97,5	98,0	1 125	97,6	98,0	26	96,5	95,7
40 - 45	1 081	97,4	98,0	1 060	97,4	98,0	21	94,9	98,3
45 - 50	798	96,3	96,7	784	96,4	96,9	14	88,5	87,4
50 - 55	1 141	92,4	93,0	1 133	92,4	93,1	8	84,1	91,8
55 - 60	367	32,8	33,6	365	32,8	33,6	/	/	/
60 - 65	65	7,2	7,8	64	7,1	7,8	/	/	/
65 - 70	11	1,6	1,9	11	1,6	1,9	-	/	/
70 - 75	/	/	/	/	/	/	-	/	/
75 und mehr	/	/	/	/	/	/	-	-	/
Zusammen	8 075	51,5	69,0	7 923	51,3	68,8	152	68,5	82,5

*) Ergebnis des Mikrozensus. – 1) Anteil der Erwerbspersonen je Altersgruppe, Geschlecht und Staatsangehörigkeit.

bei der Altersgruppe der 15- bis unter 20jährigen ausländischen Frauen ein leichter Anstieg beobachtet, bei den 25- bis unter 30jährigen und bei den 40- bis unter 45jährigen blieb die Erwerbsbeteiligung etwa auf dem gleichen Stand. Dennoch liegt die Erwerbs-quote der ausländischen Frauen im Alter von 15 bis unter 30 Jahren nach wie vor unter derjenigen der deutschen.

Tab. 7.4: Deutsche und ausländische Erwerbstätige im April 1993 nach Stellung im Beruf und Altersgruppen*)

1 000

Stellung im Beruf	Insgesamt	Davon im Alter von ... bis unter ... Jahren					
		15 - 25	25 - 35	35 - 45	45 - 55	55 - 65	65 und mehr
Deutschland							
Deutsche Erwerbstätige							
Selbständige[1]	3 413	89	613	919	952	637	203
Abhängige	27 978	4 465	8 533	7 436	6 708	2 738	99
Zusammen	33 391	4 554	9 145	8 355	7 660	3 374	301
Ausländische Erwerbstätige							
Selbständige[1]	245	15	66	84	56	20	/
Abhängige	2 744	528	760	675	606	171	5
Zusammen	2 989	543	826	758	662	191	9
dar. aus EG-Staaten							
Selbständige[1]	105	/	30	36	24	10	/
Abhängige	790	132	223	192	177	65	/
Zusammen	895	136	253	227	201	75	/
Insgesamt							
Selbständige[1]	3 658	104	679	1 003	1 008	657	207
Abhängige	32 722	4 993	9 293	8 110	7 314	2 908	104
Insgesamt............	36 380	5 097	9 971	9 114	8 322	3 565	310
dar. weiblich							
Deutsche Erwerbstätige							
Selbständige[1]	1 165	32	207	323	331	196	76
Abhängige	12 936	2 063	3 754	3 256	2 852	965	46
Zusammen	14 101	2 095	3 961	3 579	3 183	1 161	122
Ausländische Erwerbstätige							
Selbständige[1]	67	/	19	26	12	/	/
Abhängige	916	206	236	257	174	41	/
Zusammen	983	210	256	283	186	45	/
dar. aus EG-Staaten							
Selbständige[1]	27	/	9	11	/	/	/
Abhängige	268	57	76	66	54	15	/
Zusammen	295	58	85	77	58	17	/
Zusammen							
Selbständige[1]	1 232	36	226	350	343	201	203
Abhängige	13 852	2 269	3 990	3 513	3 026	1 005	99
Zusammen	15 084	2 305	4 216	3 862	3 369	1 206	301

*) Ergebnis des Mikrozensus. – 1) Einschl. mithelfender Familienangehöriger.

Tab. 7.4: Deutsche und ausländische Erwerbstätige im April 1993 nach Stellung im Beruf und Altersgruppen*)

1 000

Stellung im Beruf	Insgesamt	Davon im Alter von ... bis unter ... Jahren					
		15 - 25	25 - 35	35 - 45	45 - 55	55 - 65	65 und mehr
Früheres Bundesgebiet							
Deutsche Erwerbstätige							
Selbständige[1]	2 989	76	511	773	838	594	196
Abhängige	23 909	3 533	6 786	5 747	5 280	2 472	92
Zusammen	26 898	3 609	7 297	6 520	6 118	3 066	288
Ausländische Erwerbstätige							
Selbständige[1]	230	12	59	80	54	20	/
Abhängige	2 653	520	726	644	590	168	5
Zusammen	2 884	533	786	724	644	188	9
Insgesamt							
Selbständige[1]	3 219	88	570	853	893	615	200
Abhängige	26 562	4 053	7 512	6 391	5 870	2 640	97
Zusammen	29 782	4 141	8 083	7 244	6 763	3 254	297
dar. weiblich							
Deutsche Erwerbstätige							
Selbständige[1]	1 033	28	174	275	297	186	73
Abhängige	10 175	1 661	2 954	2 460	2 185	871	45
Zusammen	11 208	1 689	3 127	2 735	2 482	1 057	118
Ausländische Erwerbstätige							
Selbständige[1]	62	/	17	24	11	/	/
Abhängige	891	203	227	250	168	40	/
Zusammen	953	207	244	274	180	44	/
Neue Länder und Berlin-Ost							
Deutsche Erwerbstätige							
Selbständige[1]	424	13	102	146	114	42	7
Abhängige	6 069	932	1 747	1 689	1 428	266	7
Zusammen	6 493	946	1 848	1 835	1 542	308	13
Ausländische Erwerbstätige							
Selbständige[1]	15	/	7	/	/	-	-
Abhängige	90	8	34	31	16	/	-
Zusammen	105	10	40	35	18	/	-
Insgesamt							
Selbständige[1]	439	16	108	150	116	42	7
Abhängige	6 160	940	1 781	1 719	1 444	269	7
Zusammen	6 598	956	1 889	1 870	1 560	311	13
dar. weiblich							
Deutsche Erwerbstätige							
Selbständige[1]	132	/	33	49	34	11	/
Abhängige	2 761	402	800	796	667	94	/
Zusammen	2 894	406	833	844	701	105	/
Ausländische Erwerbstätige							
Selbständige[1]	/	-	/	/	/	-	-
Abhängige	25	/	9	6	6	/	-
Zusammen	30	/	12	9	6	/	-

*) Ergebnis des Mikrozensus. – 1) Einschl. mithelfender Familienangehöriger.

Verschiedene Gründe können dafür maßgeblich sein, so zum Beispiel die verlängerte Ausbildungsdauer und die Vermutung, daß insbesondere ausländische Mütter sich verstärkt ihren Familien widmen. Das zeigt vor allem auch ein Blick auf die altersspezifischen Erwerbsquoten der verheirateten Ausländerinnen. So waren 1993 in Deutschland beispielsweise von den 20- bis unter 25jährigen verheirateten Frauen 73,3 % der deutschen, aber nur 42,5 % der ausländischen Frauen erwerbstätig. Auch in der Altersgruppe der 30- bis unter 60jährigen verheirateten Frauen war die Erwerbsquote bei den Ausländerinnen niedriger als bei den Deutschen (55,0 % gegenüber 65,4 %).

7.3 Selbständige und abhängig Beschäftigte in verschiedenen Altersgruppen

Auch eine Gliederung nach der Stellung im Beruf zeigt beachtliche Unterschiede zwischen deutschen und ausländischen Erwerbstätigen auf. Im April 1993 befanden sich 83,8 % der deutschen, aber 91,8 % der ausländischen Erwerbstätigen in abhängiger Beschäftigung. Entsprechend waren 10,2 % der deutschen Erwerbstätigen Selbständige und mithelfende Familienangehörige; bei den ausländischen Erwerbstätigen macht diese Gruppe gut 8,2 % aus. Von den ausländischen Erwerbstätigen aus EU-Staaten waren demgegenüber 11,7 % Selbständige und mithelfende Familienangehörige und 88,3 % abhängig Beschäftigte. Das schon seit Jahren beobachtete Bestreben ausländischer Erwerbstätiger, sich in zunehmendem Maße selbständig zu machen, hat sich fortgesetzt. So waren im früheren Bundesgebiet im Mai 1970 rund 51 000 oder knapp 3 % der erwerbstätigen Ausländerinnen und Ausländer Selbständige und mithelfende Familienangehörige, im April 1978 hingegen etwa 90 000 oder 4,4 % und schließlich im April 1993 rund 230 000 oder rund 8 %.

Von den deutschen Selbständigen und mithelfenden Familienangehörigen war 1993 in Deutschland die Altersgruppe der 45- bis unter 55jährigen mit 952 000 Personen oder 27,9 % am stärksten besetzt. Bei den ausländischen Selbständigen und mithelfenden Familienangehörigen stellten hingegen die 35- bis unter 45jährigen mit 84 000 Personen oder 34,3 % die stärkste Gruppe.

7.4 Beteiligung am Erwerbsleben, Familienstand und überwiegender Lebensunterhalt

Von den durch den Mikrozensus im April 1993 ermittelten rund 6,8 Mill. Ausländerinnen und Ausländern waren etwa 2,8 Mill. oder 41 % zur Bestreitung ihres überwiegenden Lebensunterhalts auf die Unterstützung durch Angehörige angewiesen, 42 % besaßen ein ausreichendes Einkommen aus Erwerbstätigkeit, 12,8 % lebten von ihrer Rente, und 4,4 % überwiegend von Arbeitslosengeld bzw. -hilfe. Hinsichtlich dieser Verteilung bestehen erwartungsgemäß erhebliche geschlechtsspezifische Unterschiede. So bestritten 51,9 % der ausländischen Männer ihren Lebensunterhalt aus Erwerbstätigkeit; bei den Frauen betrug dieser Anteil lediglich 29,5 %. Über die Hälfte (55,4 %) der Ausländerinnen, aber nur 29,1 % der ausländischen Männer bestritten ihren Lebensunterhalt hauptsächlich durch Unterstützung von Angehörigen.

Tab. 7.5: Ausländische Bevölkerung im April 1993 nach Beteiligung am Erwerbs-leben, Familienstand und überwiegendem Lebensunterhalt*)

Überwiegender Lebensunterhalt (m = männlich, w = weiblich, i = insgesamt)	Bevölkerung		Erwerbstätige		Erwerbslose		Nichterwerbs-personen	
	1 000	%	1 000	%	1 000	%	1 000	%
Deutschland Insgesamt								
Erwerbstätigkeit............... m	1 959	51,9	1 959	97,7	-	-	-	-
w	882	29,5	882	89,7	-	-	-	-
i	2 841	42,0	2 841	95,1	-	-	-	-
Arbeitslosengeld/-hilfe...... m	209	5,5	/	/	206	57,0	-	-
w	89	3,0	/	/	88	44,8	-	-
i	298	4,4	/	/	295	52,7	-	-
Rente und dergleichen..... m	508	13,4	16	0,8	88	24,4	404	28,7
w	361	12,1	15	1,6	38	19,5	307	17,0
i	868	12,8	31	1,0	127	22,7	711	22,1
Angehörige .... m	1 100	29,1	29	1,4	67	18,6	1 004	71,3
w	1 655	55,4	85	8,6	70	35,7	1 500	83,0
i	2 755	40,7	114	3,8	138	24,6	2 504	77,9
Insgesamt................... m	3 775	100	2 006	100	362	100	1 407	100
w	2 988	100	983	100	197	100	1 807	100
i	6 763	100	2 989	100	559	100	3 215	100
dar. verheiratet								
Erwerbstätigkeit............... m	1 433	74,6	1 433	99,2	-	-	-	-
w	579	36,5	579	88,7	-	-	-	-
i	2 011	57,4	2 011	96,0	-	-	-	-
Arbeitslosengeld/-hilfe...... m	145	7,6	/	/	143	59,9	-	-
w	61	3,9	/	/	61	43,8	-	-
i	206	5,9	/	/	204	54,0	-	-
Rente und dergleichen..... m	260	13,6	8	0,5	55	22,9	197	83,3
w	146	9,2	8	1,2	22	15,9	116	14,6
i	406	11,6	15	0,7	77	20,3	314	30,4
Angehörige .... m	82	4,3	/	/	41	17,1	40	16,7
w	801	50,5	65	10,0	56	40,3	680	85,4
i	883	25,2	67	3,2	97	25,6	719	69,6
Zusammen .... m	1 920	100	1 444	100	239	100	237	100
w	1 587	100	652	100	139	100	796	100
i	3 507	100	2 096	100	378	100	1 033	100

*) Ergebnis des Mikrozensus.

7.5 Berufsbereiche

Auch hinsichtlich der Beschäftigung in verschiedenen Berufsbereichen lassen sich Unterschiede zwischen deutschen und ausländischen Erwerbstätigen feststellen. Im April 1993 übte weit mehr als die Hälfte der deutschen Erwerbstätigen – es waren 59,7 % – Dienstleistungsberufe aus, und 26,0 % waren in Fertigungsberufen tätig.

Tab. 7.5: Ausländische Bevölkerung im April 1993 nach Beteiligung am Erwerbs-leben, Familienstand und überwiegendem Lebensunterhalt*)

Überwiegender Lebensunterhalt (m = männlich, w = weiblich, i = insgesamt)	Bevölkerung		Erwerbstätige		Erwerbslose		Nichterwerbs-personen	
	1 000	%	1 000	%	1 000	%	1 000	%
Früheres Bundesgebiet Insgesamt								
Erwerbstätigkeit .... m	1 886	52,0	1 886	97,7	-	-	-	-
w	854	29,3	854	89,6	-	-	-	-
i	2 740	41,9	2 740	95,0	-	-	-	-
Arbeitslosengeld/-hilfe ..... m	190	5,2	/	/	188	56,8	-	-
w	80	2,8	/	/	80	43,9	-	-
i	270	4,1	/	/	268	52,2	-	-
Rente und dergleichen..... m	472	13,0	14	0,7	82	24,7	376	27,5
w	341	11,7	13	1,4	34	18,9	294	16,5
i	813	12,4	27	0,9	116	22,7	670	21,3
Angehörige...................... m	1 080	29,8	29	1,5	61	18,5	990	72,5
w	1 637	56,2	85	8,9	67	37,2	1 485	83,5
i	2 717	41,5	114	3,9	129	25,1	2 475	78,7
Zusammen .... m	3 628	100	1 931	100	331	100	1 366	100
w	2 913	100	953	100	181	100	1 779	100
i	6 541	100	2 884	100	512	100	3 144	100
Neue Länder und Berlin-Ost Insgesamt								
Erwerbstätigkeit .... m	73	49,6	73	97,2	-	-	-	-
w	28	37,4	28	92,9	-	-	-	-
i	101	45,5	101	96,0	-	-	-	-
Arbeitslosengeld/-hilfe ..... m	19	12,7	/	/	18	59,3	-	-
w	9	12,0	-	-	9	55,6	-	-
i	28	15,5	/	/	27	58,1	-	-
Rente und dergleichen..... m	35	23,9	/	/	6	20,6	27	66,0
w	20	26,4	/	/	/	/	13	46,7
i	55	24,8	/	/	11	22,6	41	58,2
Angehörige...................... m	20	13,7	-	-	6	20,0	14	34,0
w	18	24,3	-	-	/	/	15	53,3
i	38	17,3	-	-	9	19,3	29	41,8
Zusammen .... m	148	100	75	100	31	100	42	100
w	75	100	30	100	16	100	29	100
i	223	100	105	100	47	100	70	100

*) Ergebnis des Mikrozensus.

Dagegen waren von den Ausländerinnen und Ausländern rund die Hälfte (48,7 %) in Fertigungsberufen und 40,7 % in Dienstleistungsberufen beschäftigt. Gegenüber 1970 hat sich das Verhältnis Fertigungs- zu Dienstleistungsberufen auch bei den ausländischen Erwerbstätigen zugunsten des Dienstleistungsbereichs verschoben. Zum Zeitpunkt der Volks- und Berufszählung 1970 waren im früheren Bundesgebiet noch über 35 % der deutschen Erwerbstätigen in Fertigungsberufen tätig und knapp 50 % in Dienstleistungsberufen. Dagegen arbeiteten von den ausländischen Erwerbstätigen gleichzeitig rund drei Viertel in Fertigungsberufen und nur knapp ein Fünftel in Dienstleistungsberufen.

Tab. 7.6: Ausländische Erwerbstätige im April 1993 nach ausgewählten Berufsordnungen und Staatsangehörigkeiten*)

Berufsbereich Ausgewählte Berufsordnung[1]	Insgesamt 1 000	Insgesamt %[4]	Italien	Griechenland	Jugoslawien[2]	Spanien	Türkei	Österreich	Übrige Staaten[3]
					%[5]				
Berufe in der Land-, Tier-, Forstwirtschaft und im Gartenbau	40	3,3	/	/	13,7	/	20,6	/	47,2
Bergleute, Mineralgewinner	25	29,5	/	/	/	/	80,6	/	/
Fertigungsberufe	1 457	14,4	11,9	7,8	18,9	2,8	36,8	1,8	19,9
darunter:									
Chemie-, Kunststoffberufe	50	18,3	11,0	/	10,7	/	45,8	/	18,3
Berufe in der Papierherstellung, -verarbeitung und im Druck	27	11,0	/	/	/	/	37,7	/	23,8
Berufe in der Metallerzeugung und -bearbeitung	137	23,6	10,5	7,3	16,4	3,8	45,5	/	15,4
Metall-, Maschinenbau- und verwandte Berufe	252	9,5	9,4	6,4	22,3	3,0	36,1	3,1	19,7
Elektroberufe	57	6,4	9,2	/	20,4	/	30,1	/	28,3
Montierer/innen und Metallberufe a.n.g.	63	29,7	13,3	17,2	15,4	/	38,5	/	13,2
Textil- und Bekleidungsberufe	51	17,4	/	/	16,2	/	45,5	/	15,4
Ernährungsberufe	121	15,7	16,7	7,1	24,9	/	18,9	/	28,1
Hoch- und Tiefbauberufe	113	12,6	14,3	/	32,2	/	25,8	/	23,0
Bauhilfsarbeiter	31	23,0	/	/	24,5	/	29,8	/	31,4
Ausbauberufe, Polster(er/innen)	49	10,6	13,0	/	36,3	/	26,5	/	18,9
Maler/innen, Lackierer/innen u. verwandte Berufe	36	10,8	14,9	/	16,8	/	35,3	/	22,3
Warenprüfer/innen, Versandfertigmacher/innen	72	17,8	12,3	8,6	17,6	/	36,3	/	20,4
Hilfsarbeiter/innen o.n.T.	293	29,3	11,4	11,5	12,3	2,4	45,5	/	16,3
Maschinisten/Maschinistinnen und zugeh. Berufe, a.n.g.	80	15,4	13,8	6,7	15,5	/	40,0	/	18,5
Technische Berufe	101	4,3	5,5	/	9,0	/	11,2	12,8	55,3
darunter:									
Ingenieure/Ingenieurinnen, Chemiker/innen, Physiker/innen, Mathematiker/innen	55	5,6	/	/	/	/	/	14,5	64,9
Techniker/innen, technische Sonderfachkräfte	47	3,4	/	/	14,9	/	16,7	10,8	44,0
Dienstleistungsberufe	1 217	5,8	10,5	5,5	14,5	2,4	21,0	6,3	39,8
darunter:									
Warenkaufleute	161	5,8	12,8	4,8	13,7	/	22,6	8,2	36,4
Verkehrsberufe	189	8,9	10,2	5,7	15,6	2,9	33,8	3,4	28,4
Organisations-, Verwaltungs-, Büroberufe	235	3,2	8,4	3,7	10,2	3,2	10,8	11,3	52,4
Schriftwerkschaffende, -ordnende und künstlerische Berufe	44	10,6	/	/	/	/	/	/	67,4
Gesundheitsdienstberufe	104	5,5	6,2	/	20,5	/	16,5	/	48,5
Sozial- und Erziehungsberufe a.n.g., geistes- und naturwissenschaftliche Berufe	87	3,8	/	/	8,9	/	12,6	7,1	61,8
Sonstige Dienstleistungsberufe	329	17,7	15,0	8,9	18,5	2,4	26,9	3,2	25,1
Reinigungs- und Entsorgungsberufe	158	19,3	8,9	5,8	19,6	/	40,5	/	21,2
Sonstige Arbeitskräfte	149	10,1	9,8	9,3	14,3	/	30,8	/	30,6
Insgesamt	2 989	8,2	10,9	6,7	16,4	2,6	29,3	4,1	30,0

*) Ergebnis des Mikrozensus. – 1) Klassifizierung der Berufe, Ausgabe 1992. – 2) Einschl. Kroatien, Slowenien und Bosnien-Herzegowina sowie der ehem. Republik Mazedonien, die seit 1992 bzw. 1993 selbständige Staaten sind. – 3) Hierbei handelt es sich im wesentlichen um die Niederlande und übrige EU-Staaten, Portugal, USA, Schweiz, Marokko, ehem. Tschechoslowakei und Tunesien. – 4) Anteil der ausländischen Erwerbstätigen an den Erwerbstätigen insgesamt je Berufsbereich, -abschnitt-, -ordnung. – 5) Anteil an Spalte „Insgesamt".

Im Blickpunkt: Ausländische Bevölkerung in Deutschland

In der Gliederung der ausländischen Erwerbstätigen nach der Staatsangehörigkeit überwiegen Männer und Frauen türkischer Nationalität – mit 29,3 % haben sie ohnehin den höchsten Anteil an allen ausländischen Erwerbstätigen – in den meisten Fertigungsberufen sowie in den Verkehrsberufen, den allgemeinen Dienstleistungsberufen und unter den sonstigen Arbeitskräften. Besonders hoch war ihr Anteil im April 1993 an den ausländischen Bergleuten. Für die anderen Nationalitäten ergibt sich folgendes Bild: Staatsangehörige aus dem ehemaligen Jugoslawien waren am stärksten vertreten in Hoch- und Tiefbauberufen, vor allem unter Zimmerern, in den Ernährungsberufen sowie den Ausbauberufen und in Metall-, Maschinenbau- und verwandten Berufen. In den Hotel- und Gaststättenberufen stellten die Italienerinnen und Italiener den größten Anteil unter den ausländischen Erwerbstätigen.

Tab. 7.7: Ausländische Ärztinnen und Ärzte in Deutschland*)

Land / Art der Tätigkeit	Ärztinnen und Ärzte insgesamt	Ausländische Ärztinnen und Ärzte						
		zusammen	nach Herkunft					
			Europa	dar. EU[1]	Afrika	Amerika	Asien	Sonstige
nach Ländern								
Baden-Württemberg	31 865	1 090	778	387	33	77	190	12
Bayern	38 785	1 165	903	346	25	59	158	20
Berlin	15 916	719	394	117	42	48	196	39
Brandenburg	5 925	103	59	5	9	6	26	3
Bremen	2 747	154	78	28	11	13	39	13
Hamburg	7 831	333	180	63	15	29	103	6
Hessen	19 902	1 164	669	243	44	69	332	50
Mecklenburg-Vorpommern	5 218	81	40	1	4	4	31	2
Niedersachsen	20 897	1 045	588	263	47	58	305	47
Nordrhein-Westfalen	53 985	3 909	2 294	1 021	225	156	1 188	46
Rheinland-Pfalz	11 257	626	402	193	28	34	146	16
Saarland	3 505	271	174	109	14	9	72	2
Sachsen	6 819	218	98	9	45	9	60	6
Sachsen-Anhalt	12 246	162	78	15	9	2	36	37
Schleswig-Holstein	8 510	252	159	74	14	13	63	3
Thüringen	6 469	113	63	0	6	8	35	1
Deutschland	251 877	11 405	6 957	2 874	571	594	2 980	303
nach Art der Tätigkeit								
Im Krankenhaus	124 111	6 188	3 840	1 620	307	356	1 553	132
Niedergelassen	98 067	2 646	1 485	726	138	65	870	88

*) Stand 31.12.1992. – 1) Ohne Finnland, Österreich und Schweden, die seit dem 1.1.1995 Vollmitglied der Europäischen Union sind.

Quelle: Bundesärztekammer, Köln

1992 waren in Deutschland 11 405 ausländische Ärztinnen und Ärzte tätig, davon 10 496 im früheren Bundesgebiet. Dies entspricht in etwa dem Stand von vor zehn Jahren. Den höchsten Anteil ausländischer Staatsangehöriger an allen Ärztinnen und Ärzten wiesen das Saarland und Nordrhein-Westfalen mit über 7 % auf, wogegen in den Ländern Sachsen-Anhalt, Mecklenburg-Vorpommern, Brandenburg und Thüringen weniger als 2 % der Ärztinnen und Ärzte ausländischer Herkunft waren. Von den 11 405 ausländischen Ärztinnen und Ärzten in Deutschland waren 54 % hauptamtlich in einem Krankenhaus und 23 % in freier Praxis tätig.

Die meisten ausländischen Ärztinnen und Ärzte (61 %) kommen aus europäischen Ländern, ein Viertel stammt aus EU-Staaten. Der größte Teil der Mediziner und Medizinerinnen, die keine europäische Nationalität besitzen, stammt aus Asien (26 %). Ärztinnen und Ärzte aus Afrika sowie aus Amerika sind mit jeweils 5 % vertreten.

7.6 Beschäftigung im Bauhauptgewerbe

Im Bauhauptgewerbe sind ausländische Arbeitnehmer besonders stark repräsentiert. So besaßen Ende Juni 1993 in Deutschland 8,8 % aller Beschäftigten im Bauhauptgewerbe einen ausländischen Paß. Dabei bestehen zwischen dem früheren Bundesgebiet und den neuen Bundesländern deutliche Unterschiede. Im früheren Bundesgebiet waren 11,7 % aller Beschäftigten im Bauhauptgewerbe ausländischer Nationalität. Am höchsten war ihr Anteil im Hoch- und Tiefbau (12,8 %), gefolgt vom Stukkateurgewerbe (einschl. Gipserei, Verputzerei) mit 12,5 % sowie vom Spezialbau mit 11,6 %. In Baden-Württemberg war der Anteil der ausländischen an den insgesamt im Bauhauptgewerbe Beschäftigten mit 21 % mehr als doppelt so hoch wie im Bundesdurchschnitt (8,8 %).

Tab. 7.8: Beschäftigte im Bauhauptgewerbe Ende Juni 1993 nach Wirtschaftsgruppen und Beschäftigtengrößenklassen*)

Deutschland

Betriebe mit ... bis ... Beschäftigten	Insgesamt	Davon			
		Hoch- und Tiefbau	Spezialbau	Stukkateurgewerbe, Gipserei, Verputzerei	Zimmerei, Dachdeckerei
Beschäftigte in allen Betrieben					
1 - 19.....................	408 611	218 329	36 022	38 358	115 902
20 - 49	310 437	246 339	14 261	12 084	37 753
50 - 99	233 465	210 133	8 720	4 526	10 086
100 und mehr..........	513 671	493 583	15 548	1 951	2 589
Insgesamt............	1 466 184	1 168 384	74 551	56 919	166 330
dar. ausländische Beschäftigte					
1 - 19.....................	28 845	18 629	2 767	3 841	3 608
20 - 49	27 426	21 921	1 732	1 965	1 808
50 - 99	21 766	19 109	1 054	863	740
100 und mehr..........	50 859	48 516	1 934	98	311
Zusammen	128 896	108 175	7 487	6 767	6 467
Beschäftigte in Betrieben, deren Inhaber/-innen oder Leiter/-innen in die Handwerksrolle eingetragen sind					
1 - 19.....................	346 593	181 315	18 103	32 661	114 514
20 - 49	264 472	206 873	9 087	11 629	36 883
50 - 99	171 412	153 174	4 275	4 466	9 497
100 und mehr..........	224 277	215 988	3 853	1 847	2 589
Zusammen	1 006 754	757 350	35 318	50 603	163 483
dar. ausländische Beschäftigte					
1 - 19.....................	23 786	15 507	1 335	3 397	3 547
20 - 49	22 730	18 065	1 005	1 918	1 742
50 - 99	15 891	13 839	473	856	723
100 und mehr..........	20 782	19 817	558	96	311
Zusammen	83 189	67 228	3 371	6 267	6 323

*) Ergebnis der Totalerhebung im Bauhauptgewerbe.

In den neuen Ländern und Berlin-Ost waren lediglich 0,4 % aller Beschäftigten im Bauhauptgewerbe ausländischer Nationalität. Hier schwankt der Anteil ausländischer Erwerbstätiger zwischen 0,9 % (Stukkateurgewerbe, Gipserei und Verputzerei) und 0,4 % (Hoch- und Tiefbau sowie Zimmerei). Bezogen auf die einzelnen neuen Länder liegt der Anteil der ausländischen Beschäftigten zwischen 0,4 % und 0,1 %.

Tab. 7.9: Beschäftigte im Bauhauptgewerbe Ende Juni 1993 nach Wirtschaftsgruppen*)

7.9.1 Beschäftigte in allen Betrieben

Land — Beschäftigte	Insgesamt	Davon			
		Hoch- und Tiefbau	Spezialbau	Stukkateur-gewerbe, Gipserei, Verputzerei	Zimmerei, Dachdeckerei
Baden-Württemberg					
Beschäftigte insgesamt	180 262	130 627	7 586	19 803	22 246
dar. ausländische Beschäftigte......	37 923	30 537	1 751	3 684	1 951
Bayern					
Beschäftigte insgesamt	257 679	200 391	16 346	10 518	30 424
dar. ausländische Beschäftigte......	27 708	23 336	1 809	1 219	1 344
Berlin					
Beschäftigte insgesamt	63 100	49 025	6 562	1 917	5 596
dar. ausländische Beschäftigte......	5 889	4 594	756	250	289
Brandenburg					
Beschäftigte insgesamt	57 528	53 211	661	159	3 497
dar. ausländische Beschäftigte......	232	206	-	2	24
Bremen					
Beschäftigte insgesamt	10 860	7 724	1 932	134	1 070
dar. ausländische Beschäftigte......	392	227	136	14	15
Hamburg					
Beschäftigte insgesamt	22 320	18 953	1 893	409	1 065
dar. ausländische Beschäftigte......	1 766	1 456	159	82	69
Hessen					
Beschäftigte insgesamt	92 960	74 220	3 847	3 160	11 733
dar. ausländische Beschäftigte......	14 378	12 449	701	325	903
Mecklenburg-Vorpommern					
Beschäftigte insgesamt	47 662	43 868	675	185	2 934
dar. ausländische Beschäftigte......	65	62	1	-	2
Niedersachsen					
Beschäftigte insgesamt	121 196	96 711	3 523	1 968	18 994
dar. ausländische Beschäftigte......	4 602	3 916	220	158	308
Nordrhein-Westfalen					
Beschäftigte insgesamt	239 688	182 677	15 819	10 728	30 464
dar. ausländische Beschäftigte......	27 073	24 052	1 374	622	1 025
Rheinland-Pfalz					
Beschäftigte insgesamt	61 491	46 015	4 248	3 143	8 085
dar. ausländische Beschäftigte......	4 930	4 104	378	148	300
Saarland					
Beschäftigte insgesamt	17 427	12 028	1 180	1 745	2 474
dar. ausländische Beschäftigte......	2 016	1 638	90	191	97
Sachsen					
Beschäftigte insgesamt	92 202	81 301	1 884	723	8 294
dar. ausländische Beschäftigte......	290	242	10	3	35
Sachsen-Anhalt					
Beschäftigte insgesamt	90 988	79 849	3 799	479	6 861
dar. ausländische Beschäftigte......	376	333	22	6	15
Schleswig-Holstein					
Beschäftigte insgesamt	45 430	34 558	2 680	951	7 241
dar. ausländische Beschäftigte......	1 017	814	75	49	79
Thüringen					
Beschäftigte insgesamt	65 391	57 226	1 916	897	5 352
dar. ausländische Beschäftigte......	239	209	5	14	11
Deutschland					
Beschäftigte insgesamt..................	1 466 184	1 168 384	74 551	56 919	166 330
dar. ausländische Beschäftigte	128 896	108 175	7 487	6 767	6 467

*) Ergebnis der Totalerhebung im Bauhauptgewerbe in der Gliederung der Systematik der Wirtschaftszweige, Ausgabe 1979, Fassung für die Statistik im Produzierenden Gewerbe (SYPRO).

Tab. 7.9: Beschäftigte im Bauhauptgewerbe Ende Juni 1993 nach Wirtschaftsgruppen*)

7.9.2 Beschäftigte in Betrieben, deren Inhaber/-innen oder Leiter/-innen in die Handwerksrolle eingetragen sind

Land / Beschäftigte	Insgesamt	Davon			
		Hoch- und Tiefbau	Spezialbau	Stukkateur-gewerbe, Gipserei, Verputzerei	Zimmerei, Dachdeckerei
Baden-Württemberg					
Beschäftigte insgesamt..................	148 349	102 092	5 047	19 178	22 032
dar. ausländische Beschäftigte	29 979	23 463	1 096	3 530	1 890
Bayern					
Beschäftigte insgesamt..................	188 553	142 139	6 831	9 210	30 373
dar. ausländische Beschäftigte	17 396	14 274	664	1 115	1 343
Berlin					
Beschäftigte insgesamt..................	34 128	25 508	1 822	1 757	5 041
dar. ausländische Beschäftigte	2 976	2 289	195	228	264
Brandenburg					
Beschäftigte insgesamt..................	34 163	30 133	515	146	3 369
dar. ausländische Beschäftigte	167	141	-	2	24
Bremen					
Beschäftigte insgesamt..................	4 572	3 103	350	56	1 063
dar. ausländische Beschäftigte	122	83	19	5	15
Hamburg					
Beschäftigte insgesamt..................	11 484	9 116	1 011	308	1 049
dar. ausländische Beschäftigte	939	721	84	65	69
Hessen					
Beschäftigte insgesamt..................	64 285	47 517	2 374	2 965	11 429
dar. ausländische Beschäftigte	8 733	7 115	446	291	881
Mecklenburg-Vorpommern					
Beschäftigte insgesamt..................	27 854	24 399	522	127	2 806
dar. ausländische Beschäftigte	30	27	1	-	2
Niedersachsen					
Beschäftigte insgesamt..................	93 350	70 623	2 346	1 663	18 718
dar. ausländische Beschäftigte	2 862	2 330	108	142	282
Nordrhein-Westfalen					
Beschäftigte insgesamt..................	161 521	116 602	6 315	8 205	30 399
dar. ausländische Beschäftigte	13 887	11 874	479	509	1 025
Rheinland-Pfalz					
Beschäftigte insgesamt..................	46 937	34 075	1 732	3 081	8 049
dar. ausländische Beschäftigte	3 642	3 007	192	144	299
Saarland					
Beschäftigte insgesamt..................	12 010	7 151	640	1 745	2 474
dar. ausländische Beschäftigte	1 273	934	51	191	97
Sachsen					
Beschäftigte insgesamt..................	54 807	44 833	1 402	588	7 984
dar. ausländische Beschäftigte	170	130	7	1	32
Sachsen-Anhalt					
Beschäftigte insgesamt..................	53 514	44 753	2 027	420	6 314
dar. ausländische Beschäftigte	274	249	9	5	11
Schleswig-Holstein					
Beschäftigte insgesamt..................	31 264	22 975	834	301	7 154
dar. ausländische Beschäftigte	585	467	15	25	78
Thüringen					
Beschäftigte insgesamt..................	39 963	32 331	1 550	853	5 229
dar. ausländische Beschäftigte	154	124	5	14	11
Deutschland					
Beschäftigte insgesamt	1 006 754	757 350	35 318	50 603	163 483
dar. ausländische Beschäftigte ...	83 189	67 228	3 371	6 267	6 323

*) Ergebnis der Totalerhebung im Bauhauptgewerbe in der Gliederung der Systematik der Wirtschaftszweige, Ausgabe 1979, Fassung für die Statistik im Produzierenden Gewerbe (SYPRO).

7.7 Arbeitslosigkeit

Ausländische Arbeitnehmerinnen und Arbeitnehmer sind aufgrund ihres im Durchschnitt vergleichsweise niedrigen beruflichen Qualifikationsniveaus und ihrer Konzentration in besonders konjunkturempfindlichen Wirtschaftszweigen bei einer wirtschaftlichen Rezession von der Arbeitslosigkeit besonders stark betroffen. Die Zahl der arbeitslosen Ausländerinnen und Ausländer erreichte 1988 im früheren Bundesgebiet mit fast 270 000 einen Höchststand, ging dann bis 1990 zurück und steigt seitdem wieder. Im April 1993 wurden im früheren Bundesgebiet rund 345 000 ausländische Arbeitslose registriert. Noch aussagekräftiger als die absoluten Zahlen ist jedoch die Entwicklung der Arbeitslosenquote. Diese war in jedem Jahr bei den ausländischen Erwerbspersonen höher als bei allen Erwerbspersonen. 1982 betrug im früheren Bundesgebiet die jahresdurchschnittliche Gesamtarbeitslosenquote 7,5 %, diejenige der Ausländerinnen und Ausländer 11,9 %. Während der Unterschied zwischen diesen beiden Ziffern noch relativ gering war, lag im Durchschnitt des Jahres 1993 im früheren Bundesgebiet bei einer Gesamtarbeitslosenquote von 8,2 % die Arbeitslosenquote für Ausländerinnen und Ausländer bei 15,1 %.

Tab. 7.10: Arbeitslose und Arbeitslosenquote

Jahresdurchschnitt	Arbeitslose insgesamt	Arbeitslosenquote[1]	Ausländische Arbeitslose	Arbeitslosenquote[2]
	1 000	%	1 000	%
Früheres Bundesgebiet				
1982	1 833,2	7,5	245,7	11,9
1985	2 304,0	9,3	253,2	13,9
1986	2 228,0	9,0	248,0	13,7
1987	2 228,8	8,9	262,1	14,3
1988	2 241,6	8,7	269,5	14,4
1989	2 037,8	7,9	232,5	12,2
1990	1 883,1	7,2	202,9	10,9
1991	1 689,4	6,3	208,1	10,7
1992	1 808,3	6,6	254,2	12,2
1993	2 270,3	8,2	344,8	15,1
Neue Länder und Berlin-Ost				
1991	912,8	10,3	13,8	-
1992	1 170,3	14,8	15,6	-
1993	1 148,8	15,8	14,6	-

1) Arbeitslose in Prozent der abhängigen Erwerbspersonen (ohne Soldaten) nach dem Mikrozensus. – 2) Arbeitslose in Prozent der ausländischen Arbeitnehmerinnen und Arbeitnehmer.

Quelle: Bundesanstalt für Arbeit, Nürnberg

Die Vierteljahreszahlen über ausländische Arbeitslose liegen teilweise erheblich über den Jahresdurchschnittswerten. Während beispielsweise die Arbeitslosenquote der Ausländerinnen und Ausländer im Durchschnitt des Jahres 1993 im früheren Bundesgebiet – wie gesagt – 15,1 % betrug, lag sie Ende Dezember 1993 bei rund 17,5 %.

Von den im Durchschnitt des Jahres 1993 im früheren Bundesgebiet registrierten 344 840 ausländischen Arbeitslosen waren die meisten türkischer Nationalität (125 524), gefolgt von Bürgerinnen und Bürgern aus dem ehemaligen Jugoslawien (44 641) sowie Italienerinnen und Italienern (34 286).

Tab. 7.11: Ausländische Arbeitslose und Arbeitslosenquote*)

Jahr	Ende des Monats ...							
	März		Juni		September		Dezember	
	Anzahl	Quote	Anzahl	Quote	Anzahl	Quote	Anzahl	Quote
Früheres Bundesgebiet								
1982	248 107	11,9	228 626	10,9	243 655	11,8	293 362	14,2
1984	292 975	14,7	262 917	13,3	246 831	12,7	260 440	13,5
1985	271 836	14,1	242 975	13,1	236 635	13,1	259 940	14,2
1986	267 903	14,7	235 299	12,9	233 473	13,0	255 198	14,1
1987	275 777	15,1	253 557	13,8	254 644	14,1	277 458	15,1
1988	292 179	15,9	260 228	13,9	254 616	13,9	263 318	14,1
1989	256 883	13,6	219 630	11,5	209 730	11,2	222 553	11,7
1990	216 454	11,6	193 501	10,4	187 400	10,0	199 325	10,7
1991	208 580	10,7	198 461	10,2	206 201	10,5	230 665	11,9
1992	247 038	11,9	242 768	11,6	256 223	12,3	298 786	14,3
1993	337 347	14,8	329 879	14,4	349 035	15,3	400 285	17,5
Neue Länder und Berlin-Ost								
1991	12 736	-	13 902	-	15 405	-	15 576	-
1992	16 069	-	15 642	-	15 014	-	14 654	-
1993	15 146	-	15 145	-	14 030	-	12 696	-

*) Arbeitslosenquote = Anteil der ausländischen Arbeitslosen an den ausländischen Arbeitnehmerinnen und Arbeitnehmern.

Quelle: Bundesanstalt für Arbeit, Nürnberg

Tab. 7.12: Ausländische Arbeitslose nach ausgewählten Staatsangehörigkeiten*)

Jahres-durchschnitt	Insgesamt	Darunter					
		Italien	Türkei	Jugoslawien[1]	Griechenland	Spanien	Portugal
1970	5 002	1 186	871	578	512	248	43
1975	151 493	28 618	46 794	27 442	17 849	7 177	2 287
1982	245 710	37 503	95 024	32 500	12 799	5 572	3 548
1983	292 140	42 017	114 669	39 766	15 538	7 443	4 890
1984	270 265	38 663	104 297	36 701	14 719	7 192	4 279
1985	253 195	37 168	90 140	35 554	13 868	6 755	3 074
1986	248 001	35 322	89 239	32 286	13 476	6 502	3 008
1987	262 097	35 591	94 779	32 457	13 877	6 597	3 123
1988	269 531	34 869	95 301	31 887	14 975	6 595	3 075
1989	232 512	29 440	81 004	26 265	13 623	5 800	2 688
1990	202 975	24 387	69 065	21 981	11 798	4 853	2 436
1991	208 094	23 087	70 702	22 427	11 652	4 421	2 468
1992	254 201	26 438	90 874	31 123	14 496	4 910	3 030
1993	344 840	34 286	125 524	44 641	19 880	6 274	4 435

*) Früheres Bundesgebiet. – 1) Einschl. Kroatien, Slowenien und Bosnien-Herzegowina sowie der ehem. jugoslawischen Republik Mazedonien, die seit 1992 bzw. 1993 selbständige Staaten sind.

Quelle: Bundesanstalt für Arbeit, Nürnberg

Im Blickpunkt: Ausländische Bevölkerung in Deutschland

STADT FRANKFURT AM MAIN
DER MAGISTRAT
32   SOZIALVERWALTUNG   30

8 Sozialhilfe

8 Sozialhilfe

Leistungen nach dem Bundessozialhilfegesetz (BSHG) werden im früheren Bundesgebiet seit 1962 und in den neuen Ländern und Berlin-Ost seit Anfang 1991 erbracht. Als „Netz unter dem sozialen Netz" hat die Sozialhilfe die Funktion, in Not geratenen Bürgerinnen und Bürgern ohne anderweitige Unterstützung eine der Menschenwürde entsprechende Lebensführung zu ermöglichen. Sie wird aufgrund eines einklagbaren Rechtsanspruchs nachrangig zur Deckung eines individuellen Bedarfs gewährt. Ziel ist die Hilfe zur Selbsthilfe.

Je nach Art der vorliegenden Notlage sieht das BSHG zwei Haupthilfearten vor. Wer seinen Bedarf an Nahrung, Kleidung, Unterkunft, Hausrat usw. nicht ausreichend decken kann, hat Anspruch auf „Hilfe zum Lebensunterhalt" (HLU) in Form laufender oder einmaliger Leistungen. In außergewöhnlichen Notsituationen, zum Beispiel bei gesundheitlichen oder sozialen Beeinträchtigungen, wird „Hilfe in besonderen Lebenslagen" (HbL) gewährt. Als spezielle Hilfen kommen u.a. die Krankenhilfe, die Eingliederungshilfe für Behinderte oder die Hilfe zur Pflege in Frage. Von einigen Einschränkungen abgesehen, stehen die genannten Leistungsangebote grundsätzlich allen Bedürftigen, unabhängig von ihrer Nationalität, offen (§ 120 BSHG). Am 1. November 1993 ist das Asylbewerberleistungsgesetz (AsylbLG) in Kraft getreten. Leistungsberechtigte nach diesem Gesetz – im wesentlichen Personen, die einen Asylantrag gestellt haben – haben seitdem keinen Anspruch auf Sozialhilfe.

Über die Inanspruchnahme von Sozialhilfe durch ausländische Bedürftige liegen aus der amtlichen Statistik für das frühere Bundesgebiet Angaben für den Zeitraum 1964 bis 1993 vor. Zusätzlich stehen gesamtdeutsche Ergebnisse für die Jahre 1991 bis 1993 zur Verfügung. Dabei werden zum einen kumulierte Jahresgesamtzahlen erhoben. Diese umfassen alle Bezieherinnen und Bezieher von Sach- und Geldleistungen, die irgendwann im Laufe des Berichtsjahres für einen kürzeren oder längeren Zeitraum laufende Hilfe zum Lebensunterhalt und/oder mindestens eine der Hilfen in besonderen Lebenslagen erhalten haben. Daneben werden insbesondere bei der Hilfe zum Lebensunterhalt Stichtagsangaben zum Jahresende ermittelt. Eine Differenzierung nach bestimmten Gruppen von ausländischen Bürgerinnen und Bürgern oder nach Staatsangehörigkeiten erfolgt in der Sozialhilfestatistik bisher nicht. Ab dem Berichtsjahr 1994 werden in der reformierten Sozialhilfestatistik Ausländerinnen und Ausländer aus Mitgliedstaaten der Europäischen Union, Asylberechtigte und Bürgerkriegsflüchtlinge gesondert ausgewiesen. Über Leistungsberechtigte nach dem Asylbewerberleistungsgesetz wurde zum 1. Januar 1994 eine neue Bundesstatistik eingeführt. Daten für das Jahr 1994 lagen bei Redaktionsschluß noch nicht vor.

In Deutschland haben im Laufe des Jahres 1993 insgesamt 5 Mill. Menschen Leistungen der Sozialhilfe in Anspruch genommen. Davon war mit knapp 1,4 Mill. etwas mehr als ein Viertel (27,3 %) ausländischer Herkunft. Der Anteil der ausländischen Bezieherinnen und Bezieher lag in den neuen Ländern und Berlin-Ost mit 12,6 % deutlich niedriger als im früheren Bundesgebiet mit 29,9 %. Hierin spiegeln sich die erheblichen Unterschiede in der Bevölkerungsstruktur wider. So lag der Anteil der Ausländerinnen und Ausländer an der Bevölkerung im früheren Bundesgebiet bei 10,2 %, in den neuen Ländern und Berlin-Ost hingegen bei 1,6 %. Betrachtet man die Sozialhilfequote, d.h. die Zahl der Hilfeempfängerinnen und -empfänger je 1 000 Einwohner, so ergibt sich für die ausländischen Leistungsbezieherinnen und -bezieher in den neuen Bundesländern mit 387 je 1 000 ein mehr als doppelt so hoher Wert wie für die alten (190 je 1 000).

Tab. 8.1: Empfänger/-innen von Sozialhilfe nach ausgewählten Hilfearten*)

Gebiet — Jahr	Sozial- hilfeemp- fänger/ -innen insge- samt	Deutsche				Ausländer/-innen			
		zu- sammen	Anteil an „ins- gesamt"	je 1 000 Einwoh- ner[1]	1980 = 100	zu- sammen	Anteil an „ins- gesamt"	je 1 000 Einwoh- ner[1]	1980 = 100
	1 000	%				1 000	%		

Sozialhilfe insgesamt *während des Jahres*[2]

Früheres Bundesgebiet									
1964	1 418	1 398	98,6	24	71	19	1,4	28	12
1970	1 491	1 471	98,7	25	74	20	1,3	7	12
1980	2 144	1 981	92,4	35	100	163	7,6	36	100
1990	3 754	2 941	78,3	50	148	813	21,7	149	500
1992	4 033	2 840	70,4	48	143	1 193	29,6	184	733
1993	4 269	2 993	70,1	51	151	1 276	29,9	190	784
Neue Länder und Berlin-Ost									
1992	685	598	87,3	39	x	87	12,7	424	x
1993	749	654	87,4	43	x	95	12,6	387	x
Deutschland									
1992	4 718	3 439	72,9	46	x	1 279	27,1	192	x
1993	5 017	3 647	72,7	49	x	1 371	27,3	196	x

Laufende Hilfe zum Lebensunterhalt *während des Jahres* in und außerhalb von Einrichtungen

Früheres Bundesgebiet									
1964	816	804	98,5	14	68	12	1,5	17	8
1970	749	737	98,4	13	62	12	1,6	4	8
1980	1 322	1 180	89,3	21	100	142	10,7	31	100
1990	2 890	2 120	73,4	36	180	769	26,6	141	542
1992	3 151	2 026	64,3	34	172	1 125	35,7	174	792
1993	3 405	2 193	64,4	37	186	1 212	35,6	180	854
Neue Länder und Berlin-Ost									
1992	488	408	83,6	26	x	80	16,4	391	x
1993	545	457	83,9	30	x	88	16,1	359	x
Deutschland									
1992	3 639	2 434	66,9	33	x	1 205	33,1	181	x
1993	3 950	2 650	67,1	36	x	1 300	32,9	186	x

Laufende Hilfe zum Lebensunterhalt *am Jahresende* außerhalb von Einrichtungen

Früheres Bundesgebiet									
1980	851	781	91,7	14	100	71	8,3	15	100
1990	1 772	1 289	72,7	22	165	483	27,3	89	685
1992	2 050	1 336	65,2	23	171	713	34,8	110	1 011
1993	2 162	1 452	67,1	25	186	711	32,9	106	1 008
Neue Länder und Berlin-Ost									
1992	289	244	84,5	16	x	45	15,5	220	x
1993	288	253	88,0	16	x	35	12,0	141	x
Deutschland									
1992	2 339	1 581	67,6	21	x	758	32,4	114	x
1993	2 450	1 705	69,6	23	x	745	30,4	107	x

Fußnoten siehe Seite 102.

Tab. 8.1: Empfänger/-innen von Sozialhilfe nach ausgewählten Hilfearten*)

Gebiet ――― Jahr	Sozial-hilfeemp-fänger/-innen insge-samt	Deutsche				Ausländer/-innen			
		zu-sammen	Anteil an „ins-gesamt"	je 1 000 Einwoh-ner[1]	1980 = 100	zu-sammen	Anteil an „ins-gesamt"	je 1 000 Einwoh-ner[1]	1980 = 100
	1 000		%			1 000	%		

Hilfe in besonderen Lebenslagen *während des Jahres* in und außerhalb von Einrichtungen[2]

Früheres Bundesgebiet									
1964...............	832	820	98,5	14	77	12	1,5	18	20
1970...............	965	953	98,8	16	90	12	1,2	4	19
1980...............	1 125	1 063	94,5	19	100	62	5,5	14	100
1990...............	1 510	1 116	73,9	19	105	395	26,1	72	637
1992...............	1 630	1 088	66,8	19	102	541	33,2	84	874
1993...............	1 661	1 083	65,2	18	102	578	34,8	86	932
Neue Länder und Berlin-Ost									
1992...............	240	210	87,5	14	x	30	12,5	147	x
1993...............	255	217	85,3	14	x	37	14,7	153	x
Deutschland									
1992...............	1 870	1 298	69,4	17	x	571	30,6	86	x
1993...............	1 915	1 300	67,9	17	x	615	32,1	88	x

Krankenhilfe[3] *während des Jahres* in und außerhalb von Einrichtungen

Früheres Bundesgebiet									
1964...............	288	282	97,8	5	85	6	2,2	9	13
1970...............	349	342	98,1	6	104	7	1,9	2	14
1980...............	377	330	87,6	6	100	47	12,4	10	100
1990...............	618	252	40,7	4	76	367	59,3	67	786
1992...............	737	232	31,5	4	70	505	68,5	78	1 083
1993...............	772	231	29,9	4	70	541	70,1	80	1 161
Neue Länder und Berlin-Ost									
1992...............	39	11	27,7	1	x	28	72,3	137	x
1993...............	55	19	34,2	1	x	36	65,8	147	x
Deutschland									
1992...............	776	243	31,3	3	x	533	68,7	80	x
1993...............	827	249	30,2	3	x	577	69,8	83	x

*) Personen, die Hilfe verschiedener Art erhalten haben, wurden bei jeder Hilfeart gezählt. – 1) Bevölkerungsstand: 31.12. – 2) Ohne Mehrfachzählungen. – 3) Einschl. Hilfe bei Schwangerschaft oder bei Sterilisation und Hilfe zur Familienplanung.

Besonders aufschlußreich ist die langfristige Entwicklung der Empfängerzahlen (insgesamt) im früheren Bundesgebiet. Hier hat sich in den drei Jahrzehnten seit Einführung des Bundessozialhilfegesetzes ein grundlegender Wandel vollzogen. Während die ausländischen Hilfeempfängerinnen und -empfänger in den sechziger und siebziger Jahren sowohl absolut als auch relativ nur von geringer zahlenmäßiger Bedeutung waren, hat sich ihre Zahl im letzten Jahrzehnt sprunghaft erhöht. Dies steht auch in Zusammenhang mit den hohen Zuwanderungszahlen (z.B. Asylsuchende, Bürgerkriegsflüchtlinge).

Eine ähnliche Entwicklung wie bei den Sozialhilfeempfängerinnen und -empfängern insgesamt läßt sich auch beim Empfang der Haupthilfearten „Hilfe in besonderen Lebenslagen" und „laufende Hilfe zum Lebensunterhalt" (während des Jahres) aufzeigen. Der Anteil der ausländischen Empfängerinnen und Empfänger dieser beiden Hilfearten liegt inzwischen im früheren Bundesgebiet jeweils bei etwa einem Drittel, in den neuen Ländern und Berlin-Ost beträgt er bei der HLU annähernd ein Sechstel und bei der HbL gut ein Siebtel. Allerdings hat sich der Zuwachs im letzten Berichtsjahr 1993 abgeschwächt. So nahm in Deutschland die Zahl nichtdeutscher HbL-Bezieherinnen und -Bezieher um 7,6 % auf rund 615 000 und die der HLU-Empfängerinnen und -Empfänger um 7,9 % auf 1,3 Mill. zu. Im Vorjahr lagen die entsprechenden Anstiegsraten noch bei 27,6 bzw. 33,7 %.

Von den verschiedenen Hilfen in besonderen Lebenslagen ist die Krankenhilfe für die ausländischen Bedürftigen von besonderer Bedeutung. Sie tritt dann ein, wenn keine ausreichende Absicherung der Gesundheitsrisiken durch die Mitgliedschaft in einer gesetzlichen oder privaten Krankenversicherung sichergestellt ist. Im Laufe des Jahres 1993 erhielten in Deutschland rund 577 000 Ausländerinnen und Ausländer Leistungen der Krankenhilfe, und zwar meist ergänzend zur Hilfe zum Lebensunterhalt. Der Anteil der ausländischen Empfängerinnen und Empfänger ist hier mit 69,8 % mehr als doppelt so hoch wie bei den anderen genannten Hilfearten.

Lediglich bei den ausländischen Empfängerinnen und Empfängern von laufender Hilfe zum Lebensunterhalt außerhalb von Einrichtungen ist *am Jahresende 1993* gegenüber dem Vorjahr ein Rückgang um 1,7 % auf 745 000 zu verzeichnen. Diese Entwicklung ist auf die Einführung des Asylbewerberleistungsgesetzes zurückzuführen, wonach Asylsuchende seit dem 1. November 1993 anstelle der Sozialhilfe Leistungen nach diesem Gesetz erhalten. Da wahrscheinlich in einigen Ländern die Leistungsberechtigten nach dem AsylbLG noch als Sozialhilfeempfänger erfaßt wurden, ist davon auszugehen, daß die o. g. Empfängerzahl überhöht ist und der tatsächliche Rückgang stärker war, als es die Zahlen widerspiegeln.

Bezüglich der Hilfe zum Lebensunterhalt werden in der amtlichen Statistik neben den bereits dargestellten personenbezogenen Angaben auch Daten im Haushaltszusammenhang erhoben. Hierzu zählen im wesentlichen Angaben über den Haushaltstyp, die Hauptursache der Inanspruchnahme von laufender Hilfe zum Lebensunterhalt und eventuell vorhandene weitere Einkommensquellen.

Während des Jahres 1993 gab es in Deutschland knapp 624 000 Privathaushalte mit ausländischem Haushaltsvorstand, die laufende Hilfe zum Lebensunterhalt in Anspruch nahmen. Darunter waren u.a. 297 000 alleinstehende Männer, 77 000 alleinlebende Frauen, 129 000 Ehepaare mit Kindern und 49 000 Alleinerziehende. Wichtigste Ursachen für den Bezug der laufenden Hilfe zum Lebensunterhalt waren Arbeitslosigkeit mit 20,1 %, unzureichendes Erwerbseinkommen mit 4,7 % und „sonstige Ursachen" mit 68,6 %. Diese nicht näher aufgeschlüsselte Kategorie umfaßt z.B. auch den Grund „Asylantrag gestellt".

Etwas mehr als die Hälfte der betroffenen Haushalte mit ausländischer Bezugsperson (50,8 %) verfügte neben der Hilfe zum Lebensunterhalt noch über andere, den Sozialhilfeanspruch mindernde Einkünfte aus einer oder mehreren Einkommensquellen. Am häufigsten waren dies 1993 Wohngeld (33,6 %) und Kindergeld (21,6 %). Fast jeder zweite betroffene ausländische Haushalt (49,2 %) lebte ausschließlich von der Hilfe zum Lebensunterhalt.

Tab. 8.2: Haushalte von Empfängern/Empfängerinnen laufender Hilfe zum Lebensunterhalt außerhalb von Einrichtungen während des Jahres mit ausländischem
Haushaltsvorstand nach Hauptursache der Hilfegewährung, Art des
angerechneten oder in Anspruch genommenen Einkommens und Haushaltstyp

Deutschland

Gegenstand der Nachweisung	Insgesamt	Einzeln nachgewiesene Haushaltsvorstände und sonstige Hilfeempfänger/-innen		Haushaltsvorstände mit Kindern	
		Männer	Frauen	Männer	Frauen
Anzahl					
1991	433 008	203 686	55 474	4 099	31 829
1992	591 866	290 414	73 877	5 411	40 399
1993	623 852	296 922	76 529	5 421	43 792
Prozent					
davon (1993):					
Hauptursache der Hilfegewährung					
Arbeitslosigkeit	20,1	16,9	19,0	28,2	14,7
Unzureichendes Erwerbseinkommen....	4,7	2,2	3,8	6,2	8,1
Sonstige Ursachen [1]	68,6	78,1	63,0	58,8	56,6
Anderweitige Ursachen [2]......................	6,7	2,9	14,2	6,6	20,6
Art des angerechneten oder in Anspruch genommenen Einkommens					
ohne Einkommen..............................	49,2	67,0	52,8	27,6	21,5
mit Einkommen [3]................................	50,8	33,0	47,2	72,4	78,5
und zwar (Mehrfachangaben zulässig)					
Einkünfte aus Erwerbstätigkeit	9,4	5,2	6,7	11,7	14,7
Leistungen der gesetzlichen Unfall-, Renten- und Handwerkerversicherung, Altershilfe für Landwirte	3,7	1,4	8,9	3,8	2,9
Arbeitslosengeld oder -hilfe..................	8,2	3,0	4,8	14,5	8,1
Kindergeld	21,6	2,3	7,4	55,0	66,1
Wohngeld	33,6	23,4	30,9	44,6	53,1

Fußnoten siehe S. 105.

Tab. 8.2: Haushalte von Empfängern/Empfängerinnen laufender Hilfe zum Lebensunterhalt außerhalb von Einrichtungen während des Jahres mit ausländischem
Haushaltsvorstand nach Hauptursache der Hilfegewährung, Art des
angerechneten oder in Anspruch genommenen Einkommens und Haushaltstyp

Deutschland

Gegenstand der Nachweisung	Ehepaare		Sonstige Haushalte	
	ohne Kinder	mit Kindern	ohne Kinder	mit Kindern
Anzahl				
1991	24 698	88 366	8 314	16 542
1992	32 465	110 460	13 469	25 371
1993	37 419	129 437	11 353	22 979
Prozent				
davon (1993):				
Hauptursache der Hilfegewährung				
Arbeitslosigkeit...........................	24,2	29,9	16,1	13,2
Unzureichendes Erwerbseinkommen ...	5,6	9,4	4,0	5,3
Sonstige Ursachen[1].............................	54,8	57,2	72,5	73,5
Anderweitige Ursachen [2]	15,5	3,5	7,5	7,9
Art des angerechneten oder in An- spruch genommenen Einkommens				
ohne Einkommen	38,7	23,1	57,2	26,4
mit Einkommen [3]..................................	61,3	76,9	42,8	73,6
und zwar (Mehrfachangaben zulässig)				
Einkünfte aus Erwerbstätigkeit	10,2	18,2	9,5	10,9
Leistungen der gesetzlichen Unfall-, Renten- und Handwerkerversi- cherung, Altershilfe für Landwirte	16,2	3,0	5,1	1,5
Arbeitslosengeld oder -hilfe	14,2	20,7	6,9	7,2
Kindergeld	1,8	57,0	12,3	62,0
Wohngeld	44,6	50,5	24,2	26,0

1) Diese nicht näher aufgeschlüsselte Kategorie umfaßt z. B. auch die Stellung eines Asylantrages. – 2) Umfaßt die Hauptsachen Krankheit, Tod des Ernährers, Ausfall des Ernährers, unwirtschaftliches Verhalten und unzureichende Versi- cherungs- oder Versorgungsansprüche. – 3) Haushalte mit mehreren Einkommen wurden nur einmal gezählt.

9 Schwerbehinderte

9 Schwerbehinderte

Als schwerbehindert gelten Menschen, denen von den Versorgungsämtern ein Grad der Behinderung von 50 oder mehr zuerkannt worden ist. Unter Behinderung im Sinne des Schwerbehindertengesetzes ist die Auswirkung einer nicht nur vorübergehenden Funktionsbeeinträchtigung zu verstehen, die auf einem regelwidrigen körperlichen, geistigen oder seelischen Zustand beruht. Regelwidrig ist dabei der Gesundheitszustand, der von dem für das Lebensalter typischen Zustand abweicht. Normale Alterserscheinungen sind daher keine Behinderungen im Sinne des Schwerbehindertengesetzes. Als „nicht nur vorübergehend" gilt ein Zeitraum von mehr als sechs Monaten.

Tab. 9.1: Deutsche und ausländische Schwerbehinderte am 31.12.1993 nach Altersgruppen und Ländern

Geschlecht / Alter von ... bis unter ... Jahren / Land	Insgesamt		Deutsche		Ausländer/-innen	
	Anzahl	je 1 000 Einwohner[1]	Anzahl	je 1 000 Einwohner[1]	Anzahl	je 1 000 Einwohner[1]
Männlich	3 407 782	87	3 292 965	93	114 817	31
Weiblich	2 976 566	71	2 922 488	75	54 078	18
Insgesamt	6 384 348	79	6 215 453	84	168 895	25
nach Altersgruppen						
unter 4	15 286	4	14 043	5	1 243	3
4 - 15	99 736	10	91 206	10	8 530	8
15 - 25	130 708	13	120 427	14	10 281	8
25 - 35	275 719	20	265 232	21	10 487	7
35 - 45	359 191	31	342 763	33	16 428	15
45 - 55	735 750	69	691 581	70	44 169	55
55 - 65	1 589 025	167	1 535 989	168	53 036	138
65 und mehr	3 178 933	261	3 154 212	263	24 721	137
nach Ländern						
Baden-Württemberg	674 867	66	639 490	72	35 377	28
Bayern	934 636	79	910 509	85	24 127	23
Berlin	329 366	95	317 146	102	12 220	33
Brandenburg	140 499	55	140 446	56	53	2
Bremen	55 278	81	53 671	89	1 607	19
Hamburg	148 942	88	143 803	99	5 139	22
Hessen	421 054	71	404 553	78	16 501	22
Mecklenburg-Vorpommern	87 763	47	87 725	47	38	2
Niedersachsen	591 552	78	582 501	82	9 051	19
Nordrhein-Westfalen	1 923 789	109	1 868 682	118	55 107	30
Rheinland-Pfalz	288 067	74	283 026	78	5 041	19
Saarland	95 369	88	93 513	93	1 856	25
Sachsen	234 955	51	234 639	51	316	6
Sachsen-Anhalt	148 286	53	148 215	54	71	2
Schleswig-Holstein	187 443	70	185 079	73	2 364	19
Thüringen	122 482	48	122 455	49	27	1

1) Bevölkerungsstand: 31.12.1992.

Zum Jahresende 1993 lebten in Deutschland 6,38 Mill. amtlich anerkannte Schwerbehinderte; 169 000 oder 2,6 % von ihnen waren Ausländerinnen und Ausländer. Türkische Staatsangehörige (30,9 %), Bürgerinnen und Bürger aus dem ehemaligen Jugoslawien (17,3 %) sowie Italienerinnen und Italiener (12,4 %) waren unter den ausländischen Schwerbehinderten zahlenmäßig am stärksten vertreten. Aufgrund der geschlechtsspezifischen Unterschiede in der Bevölkerungsstruktur waren Männer bei den ausländischen Schwerbehinderten deutlich stärker vertreten als bei den deutschen Schwerbehinderten. So waren über zwei Drittel der ausländischen Schwerbehinderten (68,0 %) Männer; der entsprechende Anteil bei den deutschen belief sich dagegen nur auf 53,0 %. Die Gliederung der Schwerbehinderten nach Altersgruppen zeigt ferner, daß die ausländischen Schwerbehinderten im Durchschnitt wesentlich jünger sind als die deutschen Schwerbehinderten, von denen knapp über drei Viertel (75,5 %) über 55 Jahre alt waren. Dieser Anteil betrug bei den ausländischen Schwerbehinderten lediglich 46,0 %. Dies ist auf die unterschiedliche Altersstruktur der deutschen und ausländischen Bevölkerung zurückzuführen.

Der Anteil Schwerbehinderter ist bei den Ausländerinnen und Ausländern deutlich niedriger als unter den Deutschen: Während von 1 000 Deutschen im Durchschnitt 84 schwerbehindert waren, belief sich diese Quote Ende Dezember 1993 bei den in Deutschland lebenden Ausländerinnen und Ausländern nur auf 25. Dieser relativ geringe Anteil ist nur bedingt durch die abweichende Altersstruktur der ausländischen Bevölkerung zu erklären, da hier der Schwerbehindertenanteil in allen Altersklassen unter dem der deutschen Bevölkerung liegt. So gab es unter 1 000 Deutschen im Alter von über 65 Jahren 263, unter den gleichaltrigen Ausländerinnen und Ausländern nur 137 Schwerbehinderte. Wie auch bei den deutschen Staatsbürgern lag bei den ausländischen Staatsangehörigen die Schwerbehindertenquote der Männer (31 je 1 000 Einwohner) über derjenigen der Frauen (18 je 1 000 Einwohnerinnen).

Von den schwerbehinderten Ausländerinnen und Ausländern wiesen rund 64,5 % einen Grad der Behinderung von 50 bis unter 80 auf, bei weiteren 15,1 % wurde ein Grad der Behinderung von 80 bis unter 100 festgestellt. Den übrigen 20,4 % war sogar ein Grad der Behinderung von 100 zuerkannt worden. Betrachtet man hierzu die entsprechende Aufgliederung für die deutschen Schwerbehinderten, so ist festzustellen, daß die ausländischen Schwerbehinderten eher einen geringeren Grad der Behinderung aufweisen als die deutschen. Da die höhergradigen Behinderungen vorwiegend im höheren Lebensalter auftreten, dürfte dies im wesentlichen auf das niedrigere Durchschnittsalter der ausländischen Schwerbehinderten zurückzuführen sein.

Tab. 9.2: Deutsche und ausländische Schwerbehinderte am 31.12.1993 nach dem Grad der Behinderung

Grad der Behinderung von ... bis unter ...	Insgesamt		Deutsche		Ausländer/-innen	
	Anzahl	%	Anzahl	%	Anzahl	%
Insgesamt	6 384 348	100	6 215 453	100	168 895	100
nach dem Grad der Behinderung						
50 - 60	1 782 346	27,9	1 721 917	27,7	60 429	35,8
60 - 70	1 029 037	16,1	999 211	16,1	29 826	17,7
70 - 80	786 078	12,3	767 457	12,3	18 621	11,0
80 - 90	920 264	14,4	901 033	14,5	19 231	11,4
90 - 100	365 029	5,7	358 776	5,8	6 253	3,7
100	1 501 594	23,5	1 467 059	23,6	34 535	20,4

Tab. 9.3: Ausländische Schwerbehinderte 1993 nach dem Grad der Behinderung sowie nach der Art der schwersten Behinderung

Art der schwersten Behinderung	Insgesamt		Grad der Behinderung von ... bis unter ...					
			50 - 70		70 - 100		100	
	Anzahl	%	Anzahl	%	Anzahl	%	Anzahl	%
Verlust oder Teilverlust von Gliedmaßen...............................	2 226	1,3	801	0,9	895	2,0	530	1,5
Funktionseinschränkung von Gliedmaßen...............................	20 203	12,0	11 487	12,7	5 811	13,2	2 905	8,4
Funktionseinschränkung der Wirbelsäule und des Rumpfes, Deformierung des Brustkorbes......................................	26 952	16,0	20 233	22,4	5 342	12,1	1 377	4,0
Blindheit und Sehbehinderung..	6 804	4,0	2 197	2,4	1 704	3,9	2 903	8,4
Sprach- oder Sprechstörungen, Taubheit, Schwerhörigkeit, Gleichgewichtsstörungen.	9 039	5,4	4 182	4,6	2 232	5,1	2 625	7,6
Verlust einer Brust oder beider Brüste, Entstellungen u. a.	2 622	1,6	1 443	1,6	821	1,9	358	1,0
Beeinträchtigung der Funktion von inneren Organen bzw. Organsystemen	54 174	32,1	30 318	33,6	15 671	35,5	8 185	23,7
darunter:								
von Herz und Kreislauf	21 037	12,5	12 814	14,2	6 456	14,6	1 767	5,1
der tieferen Atemwege und der Lungen............................	10 399	6,2	6 082	6,7	3 117	7,1	1 200	3,5
der Verdauungsorgane	8 866	5,2	4 914	5,4	2 441	5,5	1 511	4,4
Querschnittlähmung	666	0,4	13	0,0	64	0,1	589	1,7
Zerebrale Störungen.................	4 304	2,5	1 354	1,5	1 219	2,8	1 731	5,0
Geistig-seelische Behinderung .	21 468	12,7	7 398	8,2	5 352	12,1	8 718	25,2
Sonstige oder ungenügend bezeichnete Behinderungen........	20 468	12,1	10 829	12,0	4 994	11,3	4 614	13,4
Insgesamt............................	168 895	100	90 255	100	44 105	100	34 535	100

Die Gliederung der ausländischen Schwerbehinderten nach der Art ihrer Behinderung ergibt folgendes Bild: Häufigste Behinderungsart ist die Beeinträchtigung der Funktion von inneren Organen oder Organsystemen. Ihr Anteil belief sich 1993 auf 32,1 %. Darunter befanden sich 21 000 Herz- und Kreislaufkranke, das sind 12,5 % aller schwerbehinderten Ausländerinnen und Ausländer. Am zweithäufigsten waren die Fälle mit einer Funktionseinschränkung der Wirbelsäule und des Rumpfes sowie einer Deformierung des Brustkorbes (16,0 %), gefolgt von geistig-seelischen Behinderungen mit 12,7 %. Abgesehen von den Herz- und Kreislaufkrankheiten, die bei den deutschen Schwerbehinderten relativ häufig vorkamen, gab es in der Struktur der Behinderungsarten zwischen Deutschen und ausländische Staatsangehörigen keine größeren Unterschiede.

10 Straffälligkeit

10 Straffälligkeit

Während die Zahl der deutschen Verurteilten im früheren Bundesgebiet von 1970 bis 1991 um rund 35 000 abgenommen hat, ist die der ausländischen Verurteilten im gleichen Zeitraum um 87 000 gestiegen und hat sich damit fast verdreifacht. Das hat verschiedene Gründe:

- Vor allem ist die Zahl der in Deutschland lebenden Ausländerinnen und Ausländer beträchtlich gestiegen, und zwar nicht nur die der langfristig hier lebenden, sondern auch die der illegal eingereisten.
- Jüngere Männer haben unter der ausländischen Bevölkerung einen höheren Anteil als unter der deutschen. Gerade von heranwachsenden Männern jedoch werden – im Vergleich zu anderen Bevölkerungsgruppen – relativ häufiger Straftaten begangen, und zwar ebenso von deutschen wie von ausländischen Staatsangehörigen.
- In vielen Fällen ist die soziale Lage von Asylsuchenden und der illegal in Deutschland lebenden Ausländerinnen und Ausländer schlecht. Unter solchen Lebensumständen ist die Straffälligkeit aller Menschen – unabhängig von ihrer Staatsangehörigkeit – überdurchschnittlich hoch.
- Wie Tabelle 10.2 zeigt, spielen einige Arten von Rechtsverletzungen bei ausländischen Staatsangehörigen eine herausragende Rolle, die von Deutschen nur in Ausnahmefällen begangen werden können: Verstöße gegen das Ausländergesetz, Mißbrauch von Ausweispapieren und Verstöße gegen das Asylverfahrensgesetz, das 1988 erlassen wurde.

Einige Besonderheiten zeigen sich, wenn man für ausgewählte Deliktsarten die Zahl der 1981 und 1991 ausländischen Verurteilten vergleicht. Insgesamt hat die Zahl der für schuldig befundenen Ausländerinnen und Ausländer um 50 % zugenommen. Wegen Diebstahls wurden 1991 fast 37 000 ausländische Staatsangehörige verurteilt, ein Zuwachs gegenüber 1981 um etwa 155 %. Bei Bandendiebstahl belief sich die Zunahme sogar auf gut 400 % bei einer Gesamtzahl von 93 ausländischen und 120 deutschen Verurteilten 1991, bei Betrug und Untreue immerhin auf fast 200 % bei einer Zahl von 9 220 ausländischen und rund 58 100 deutschen Verurteilten.

Demgegenüber wurden wegen Verletzung der Unterhaltspflicht 1991 mit 348 Fällen ausländischer und 3 661 Fällen deutscher Verurteilter 2 %, wegen sexuellen Mißbrauchs von Kindern 5 % mehr ausländische Staatsangehörige verurteilt als 1981. Hier waren es 1991 rund 1 500 deutsche und 196 ausländische Verurteilte. Beim unerlaubten Glücksspiel gab es 1991 mit 427 Fällen sogar eine um 30 % niedrigere Zahl ausländischer Verurteilter als zehn Jahre zuvor.

Der Anteil ausländischer Strafgefangener in den Justizvollzugsanstalten im früheren Bundesgebiet hat in den vergangenen zehn Jahren deutlich zugenommen: 1981 verbüßten fast 3 500 Ausländerinnen und Ausländer eine freiheitsentziehende Strafe, 1991 waren es beinahe 5 600. Entsprechend stieg ihr Anteil an allen Strafgefangenen von 8 % auf 15 %.

In den jüngeren Altersgruppen nahm die Zahl der deutschen Strafgefangenen drastisch ab, die der ausländischen dagegen zu. So erhöhte sich der Anteil der ausländischen an allen Strafgefangenen der jeweiligen Altersgruppe bei den 14- bis unter 18jährigen von 12 % im Jahr 1981 auf 44 % im Jahr 1991, bei den 18- bis unter 21jährigen von 7 % auf 28 %. Unter dem Durchschnitt lag der Anteil ausländischer Strafgefangener 1991 bei den Altersgruppen der 30- bis unter 40jährigen, der 40- bis unter 50jährigen sowie der Strafgefangenen im Alter von 50 und mehr Jahren.

Tab. 10.1: Deutsche und ausländische Verurteilte nach ausgewählten Staatsangehörigkeiten

Jahr	Verurteilte insgesamt	Deutsche Verurteilte zusammen	Ausländische Verurteilte					
			zusammen[1]	darunter nach Staatsangehörigkeit			
				Griechenland	Italien	Jugoslawien[2]	Türkei
Insgesamt							
1970	643 285	592 682	50 603	3 050	9 198	10 259	5 884
1975	664 536	588 352	76 184	4 669	10 860	16 363	14 921
1980	732 481	648 899	83 582	3 513	11 055	13 923	22 318
1981	747 463	655 879	91 584	3 493	11 271	13 985	24 771
1982	772 194	679 055	93 139	3 523	10 926	13 555	24 423
1983	784 657	695 667	88 990	3 685	10 090	12 843	22 925
1984	753 397	669 498	83 899	3 539	9 308	12 305	21 718
1985	719 924	636 530	83 394	3 335	8 773	11 637	21 512
1986	705 348	616 623	88 725	3 274	9 053	11 951	21 953
1987	691 394	596 833	94 561	3 104	8 565	12 306	22 783
1988	702 794	599 384	103 410	3 247	9 116	13 915	25 223
1989	693 499	581 150	112 349	3 532	8 844	15 770	26 744
1990	692 363	569 323	123 040	3 603	8 866	17 226	27 642
1991	695 118	557 615	137 503	3 735	8 976	14 704	27 457
Männlich							
1970	558 948	514 216	44 732	2 553	8 061	9 270	5 396
1975	569 948	503 888	66 060	3 712	9 533	13 852	13 257
1980	621 393	548 688	72 705	2 814	9 892	11 077	20 088
1981	634 048	553 818	80 230	2 883	10 141	11 171	22 270
1982	652 010	570 793	81 217	2 969	9 810	10 653	21 924
1983	658 744	581 479	77 265	3 089	9 001	10 143	20 594
1984	632 113	559 195	72 918	3 067	8 344	9 751	19 644
1985	601 667	529 909	71 758	2 853	7 741	9 283	19 359
1986	590 280	513 720	76 560	2 823	8 101	9 573	19 928
1987	579 958	497 917	82 041	2 701	7 671	10 014	20 837
1988	588 392	499 079	89 313	2 823	8 200	11 367	23 069
1989	580 151	483 442	96 709	3 015	7 852	12 920	24 432
1990	578 556	472 832	105 724	3 114	7 923	14 143	25 289
1991	585 603	466 211	119 392	3 241	8 005	12 231	25 181
Weiblich							
1970	84 337	78 466	5 871	497	1 137	989	488
1975	94 588	84 464	10 124	957	1 327	2 511	1 664
1980	111 088	100 211	10 877	699	1 163	2 846	2 230
1981	113 415	102 061	11 354	610	1 130	2 814	2 501
1982	120 184	108 262	11 922	554	1 116	2 902	2 499
1983	125 913	114 188	11 725	596	1 089	2 700	2 331
1984	121 284	110 303	10 981	472	964	2 554	2 074
1985	118 257	106 621	11 636	482	1 032	2 354	2 153
1986	115 068	102 903	12 165	451	952	2 378	2 025
1987	111 436	98 916	12 520	403	894	2 292	1 946
1988	114 402	100 305	14 097	424	916	2 548	2 154
1989	113 348	97 708	15 640	517	992	2 850	2 312
1990	113 807	96 491	17 316	489	943	3 083	2 353
1991	109 515	91 404	18 111	494	971	2 473	2 276

1) Einschl. Staatenloser und Angehöriger der Stationierungsstreitkräfte. – 2) Einschl. Verurteilter aus Kroatien, Slowenien und Bosnien-Herzegowina sowie der ehem. jugoslawischen Republik Mazedonien, die seit 1992 bzw. 1993 unabhängige Staaten sind.

Tab. 10.2: Deutsche und ausländische Verurteilte nach ausgewählten Straftaten

| Straftaten | Jahr | Verurteilte | | | Ausländische Verurteilte in % der Verurteilten insgesamt |
		insgesamt	deutsche Verurteilte	ausländische Verurteilte[1]	
Straftaten insgesamt	1981	747 463	655 879	91 584	12,3
	1986	705 348	616 623	88 725	12,6
	1991	695 118	557 615	137 503	19,8
darunter:					
Asylverfahrensgesetz.....................	1991	5 300	170	5 130	96,8
Ausländergesetz	1981	15 349	475	14 874	96,9
	1986	7 202	323	6 879	95,5
	1991	8 578	538	8 040	93,7
Mißbrauch von Ausweispapieren § 281 StBG..................................	1981	264	115	149	56,4
	1986	514	108	406	79,0
	1991	571	109	462	80,9
Falschbeurkundung §§ 271 - 273 StBG	1981	110	50	60	54,5
	1986	156	94	62	39,7
	1991	476	107	369	77,5
Kindesentziehung § 235 StBG..................................	1981	36	25	11	30,6
	1986	39	25	14	35,9
	1991	41	16	25	61,0
Unerlaubtes Glücksspiel §§ 284, 284a, 286 StBG..............	1981	852	241	611	71,7
	1986	710	248	462	65,1
	1991	765	338	427	55,8
Bandendiebstahl § 244 Abs. 1 Nr. 3 StBG..............	1981	140	122	18	12,9
	1986	229	191	38	16,6
	1991	213	120	93	43,7
Handel usw. mit Betäubungsmitteln § 29 Abs. 3 Nr. 4 BtMG	1981[2]	(986)	(730)	(256)	(26,0)
	1986	1 815	1 339	476	26,2
	1991	2 676	1 728	948	35,4

1) Einschl. Staatenloser und Angehöriger der Stationierungsstreitkräfte. – 2) Gewerbsmäßiges Verteilen von Betäubungsmitteln § 11 Abs. 4 Nr. 4 BtMG; nicht voll vergleichbar mit den seither geltenden Definitionen im neuen BtMG.

Tab. 10.2: Deutsche und ausländische Verurteilte nach ausgewählten Straftaten

Straftaten	Jahr	Verurteilte			Ausländische Verurteilte in % der Verurteilten insgesamt
		insgesamt	deutsche Verurteilte	ausländische Verurteilte[1]	
Raub §§ 249 bis 252 StBG	1981	3 750	3 223	527	*14,1*
	1986	4 229	3 454	775	*18,3*
	1991	4 196	2 754	1 442	*34,4*
Diebstahl § 242 StBG......................................	1981	125 160	110 721	14 439	*11,5*
	1986	125 105	105 411	19 694	*15,7*
	1991	125 462	88 520	36 942	*29,4*
Körperverletzung §§ 223 bis 230 StBG	1981	34 969	30 726	4 243	*12,1*
	1986	33 001	28 918	4 083	*12,4*
	1991	31 765	25 797	5 968	*18,8*
Betrug und Untreue §§ 263 bis 266b StGB	1981	42 677	39 424	3 253	*7,6*
	1986	69 174	62 690	6 484	*9,4*
	1991	67 335	58 115	9 220	*13,7*
Beleidigung § 185 StGB......................................	1981	8 182	7 539	643	*7,9*
	1986	8 882	8 137	745	*8,4*
	1991	9 172	8 051	1 121	*12,2*
Sexueller Mißbrauch von Kindern § 176 Abs. 1 bis 3 und 5 StGB......	1981	1 713	1 526	187	*10,9*
	1986	1 408	1 273	135	*9,6*
	1991	1 684	1 488	196	*11,6*
Straßenverkehrsdelikte in Trunkenheit	1981	171 311	160 177	11 134	*6,5*
	1986	151 670	142 256	9 414	*6,2*
	1991	160 800	146 609	14 191	*8,8*
Verletzung der Unterhaltspflicht § 170b StGB	1981	8 890	8 548	342	*3,8*
	1986	4 537	4 258	279	*6,1*
	1991	4 009	3 661	348	*8,7*

1) Einschl. Staatenloser und Angehöriger der Stationierungsstreitkräfte.

Tab. 10.3: Deutsche und ausländische Strafgefangene nach Altersgruppen

Strafgefangene im Alter von ... bis unter ... Jahren	Insgesamt	Deutsche Strafgefangene	Ausländische Strafgefangene[1]	Ausländische in % aller Strafgefangenen der jeweiligen Altersgruppe
31.03.1981				
14 - 18..........................	716	631	85	11,9
18 - 21..........................	3 601	3 352	249	6,9
21 - 25..........................	7 711	7 172	539	7,0
25 - 30..........................	9 392	8 629	763	8,1
30 - 40..........................	12 286	11 110	1 176	9,6
40 - 50..........................	6 987	6 502	485	6,9
50 und mehr..................	2 237	2 051	186	8,3
Insgesamt..................	42 930	39 447	3 483	8,1
31.03.1986				
14 - 18..........................	512	383	129	25,2
18 - 21..........................	3 084	2 710	374	12,1
21 - 25..........................	7 433	6 780	653	8,8
25 - 30..........................	10 573	9 562	1 011	9,6
30 - 40..........................	13 137	11 734	1 403	10,7
40 - 50..........................	7 449	6 840	609	8,2
50 und mehr..................	2 912	2 687	225	7,7
Insgesamt..................	45 100	40 696	4 404	9,8
31.03.1991				
14 - 18..........................	287	160	127	44,3
18 - 21..........................	1 859	1 340	519	27,9
21 - 25..........................	5 329	4 400	929	17,4
25 - 30..........................	8 938	7 500	1 438	16,1
30 - 40..........................	12 156	10 517	1 639	13,5
40 - 50..........................	5 756	5 099	657	11,4
50 und mehr..................	2 956	2 700	256	8,7
Insgesamt..................	37 281	31 716	5 565	14,9

1) Einschl. Staatenloser.

EUROPÄISCHE GEMEINSCHAFT

BUNDESREPUBLIK
DEUTSCHLAND

11 Einbürgerungen

REISEPASS

11 Einbürgerungen

Neben der Dauer des Aufenthalts in Deutschland ist auch der Erwerb der deutschen Staatsangehörigkeit ein wichtiger Indikator, der auf den Grad der Integration von Ausländerinnen und Ausländern schließen läßt, da die Annahme der deutschen Staatsangehörigkeit als Ausdruck einer vollzogenen Integration gewertet werden kann.

Ende 1987 lebten im früheren Bundesgebiet rund 2,8 Mill. ausländische Staatsangehörige, die sich bereits zehn Jahre oder länger hier aufhielten und somit zumindest die zeitlichen Voraussetzungen für eine Einbürgerung erfüllten. Trotzdem lag die Zahl der jährlichen Ermessenseinbürgerungen bis einschließlich 1987 jeweils unter 15 000. Seitdem ist Jahr für Jahr eine Zunahme der Ermessenseinbürgerungen zu verzeichnen, die sich seit 1990 verstärkt hat. Im Zeitraum 1987/92 stieg ihre Zahl von 14 000 um 23 000 auf 37 000, was fast einer Verdreifachung entspricht. Die deutliche Zunahme 1992 gegenüber 1991 ist darauf zurückzuführen, daß viele Ausländerinnen und Ausländer von der Möglichkeit einer erleichterten Einbürgerung nach den §§ 85 und 86 des Ausländergesetzes (AuslG) Gebrauch gemacht haben. Diese am 01.01.1991 in Kraft getretenen Vorschriften betreffen zum einen jüngere Menschen und zum anderen ausländische Bürgerinnen und Bürger mit relativ langer Verweildauer in Deutschland.

Tab. 11.1: Durch Ermessensentscheidung eingebürgerte Personen*)

Jahr	Männlich		Weiblich		Insgesamt		Dar. Personen mit deutschem Ehegatten	
	Anzahl	%	Anzahl	%	Anzahl	%	Anzahl	%[1]
1981	6 878	50,4	6 765	49,6	13 643	100	4 996	36,6
1982	6 737	50,8	6 529	49,2	13 266	100	4 949	37,3
1983	7 249	50,6	7 085	49,4	14 334	100	5 116	35,7
1984	7 400	50,4	7 295	49,6	14 695	100	5 241	35,7
1985	7 085	51,0	6 809	49,0	13 894	100	4 813	34,6
1986	7 067	50,4	6 963	49,6	14 030	100	5 112	36,4
1987	7 178	51,2	6 851	48,8	14 029	100	5 299	37,8
1988	8 586	51,5	8 074	48,5	16 660	100	6 085	36,5
1989	9 247	52,1	8 495	47,9	17 742	100	6 007	33,9
1990	10 647	52,6	9 590	47,4	20 237	100	6 021	29,8
1991	14 714	53,9	12 581	46,1	27 295	100	7 386	27,1
1992	19 321	52,2	17 721	47,8	37 042	100	10 629	28,7

*) 1981 bis 1990: Einbürgerungen im früheren Bundesgebiet; ab 1991 in Deutschland. – 1) Anteil an den Ermessenseinbürgerungen insgesamt.

Von den rund 37 000 Ausländerinnen und Ausländern, die 1992 die deutsche Staatsangehörigkeit erworben haben, sind knapp 22 000 oder 59 % aufgrund von § 85 oder § 86 AuslG eingebürgert worden. Eine Betrachtung der jeweiligen früheren Staatsangehörigkeit der Eingebürgerten ergibt, daß dieser Anteil mit jeweils mehr als 90 % bei Bürgerinnen und Bürgern mit ehemals niederländischer, italienischer oder spanischer Staatsangehörigkeit am höchsten war. Von den 1992 Eingebürgerten mit ehemals rumänischer oder vietnamesischer Nationalität erwarben hingegen nur 16 bzw. 19 % die deutsche Staatsangehörigkeit nach § 85 oder § 86 AuslG[1].

Die absolute Anzahl der Ermessenseinbürgerungen sagt noch nichts über das allgemeine Interesse an einer Einbürgerung aus. Gewisse Aufschlüsse hierüber lassen sich durch die Berechnung einer Einbürgerungsquote gewinnen, bei der die Zahl der im Berichtsjahr durch Ermessensentscheidung eingebürgerten Personen auf die Zahl der Ausländerinnen und Ausländer bezogen wird, die sich im gleichen Jahr seit mindestens zehn Jahren in Deutschland aufgehalten und damit die zeitliche Voraussetzung für eine Einbürgerung erfüllt haben. Für 1992 ergab sich eine Einbürgerungsquote von 1,1 %. Es gibt aber erhebliche nationalitätenspezifische Unterschiede. So läßt sich beispielsweise bei philippinischen Staatsangehörigen mit 19,9 % die höchste Einbürgerungsquote nachweisen, gefolgt von rumänischen (13,4 %), vietnamesischen (10,7 %), tunesischen (6,2 %) und polnischen (5,4 %) Bürgerinnen und Bürgern. Die hohen Prozentsätze dürften unter anderem darauf zurückzuführen sein, daß sich unter den aus diesen Ländern Eingebürgerten auch Flüchtlinge und damit Menschen befinden, deren Einbürgerung erleichtert werden soll. Außerordentlich niedrig war die Einbürgerungsquote 1992 bei ehemals griechischen und spanischen Staatsangehörigen (jeweils 0,1 %), bei Portugiesinnen und Portugiesen (0,2 %) sowie bei italienischen Staatsangehörigen und Menschen aus dem Gebiet des ehemaligen Jugoslawiens (jeweils 0,3 %).

Tab. 11.2: Durch Ermessensentscheidung eingebürgerte Personen 1992 nach ausgewählten früheren Staatsangehörigkeiten*)

Staatsangehörigkeit	Durch Ermessensentscheidung eingebürgerte Personen				
	insgesamt[1]		dar. nach § 85 und § 86 Ausländergesetz		je 1 000 Ausländer nebenstehender Staatsangehörigkeit mit mind. 10jährigem Aufenthalt in Deutschland
	Anzahl	%	Anzahl	%[2]	
Insgesamt	37 042	100	21 828	58,9	11
darunter:					
Griechenland	280	0,8	228	81,4	1
Italien	1 192	3,2	1 116	93,6	3
Jugoslawien[3]	1 622	4,4	1 311	80,8	3
Niederlande	785	2,1	739	94,1	9
Österreich	938	2,5	789	84,1	7
Polen	2 723	7,4	804	29,5	54
Portugal	104	0,3	89	85,6	2
Rumänien	604	1,6	97	16,1	134
Spanien	163	0,4	150	92,0	1
Türkei	7 344	19,8	6 029	82,1	6
Marokko	1 134	3,1	971	85,6	29
Tunesien	1 047	2,8	926	88,4	62
Philippinen	1 188	3,2	505	42,5	199
Vietnam	1 906	5,1	355	18,6	107

*) Einbürgerungen in Deutschland. – 1) Ohne Ermessenseinbürgerungen aus dem Ausland. – 2) Anteil an allen durch Ermessensentscheidung eingebürgerten Personen gleicher früherer Staatsangehörigkeit. – 3) Einschl. Kroatien, Slowenien und Bosnien-Herzegowina sowie der ehem. jugoslawischen Republik Mazedonien, die seit 1992 bzw. 1993 selbständige Staaten sind.

1) Nach dem Gesetz zur Änderung der verfahrens-, ausländer- und staatsangehörigkeitsrechtlichen Vorschriften vom 30.06.1993 (BGBl. 1993 Teil I, S. 1062ff.) handelt es sich bei den Einbürgerungen nach § 85 und 86 Abs. 1 AuslG ab 01.07.1993 nicht mehr um Ermessenseinbürgerungen, sondern um Anspruchseinbürgerungen.

Von den ausländischen Staatsangehörigen, die im Zeitraum 1981/92 durch Ermes-sensentscheidung die deutsche Staatsangehörigkeit erworben haben, war jeweils mehr als die Hälfte männlichen Geschlechts. Unter den 1992 Eingebürgerten befan-den sich 10 600 Männer und Frauen, das ist ein Anteil von 29 %, mit deutschen Ehegatten. Das waren der absoluten Zahl nach deutlich mehr als in allen vorange-gangen Jahren, anteilmäßig aber, das Jahr 1991 ausgenommen, teilweise erheblich weniger.

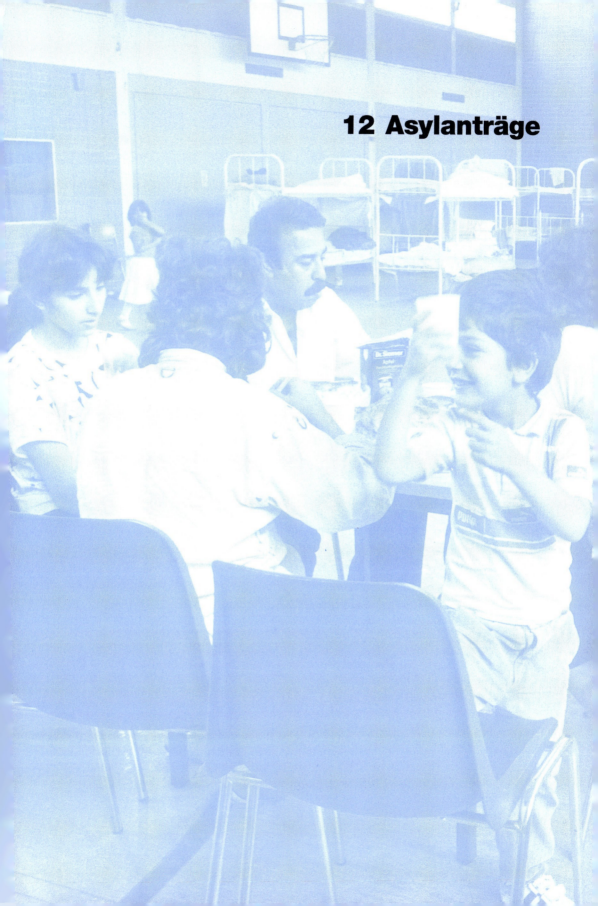

12 Asylanträge

12 Asylanträge

12.1 Entwicklung der Antragszahlen

Bis Mitte der 70er Jahre war die Zahl der Menschen, die in Deutschland einen Asylantrag stellten, sehr klein und hatte daher auf die Höhe der Zuwanderung von Ausländerinnen und Ausländern praktisch keine Auswirkungen. 1976 wurden erstmals mehr als 10 000 Asylsuchende registriert. Im Jahr 1980 erreichte diese Zahl mit fast 108 000 einen ersten Höchststand. Um diese Zahl zu reduzieren, beschloß die Bundesregierung im Jahr 1980 ein Sofortprogramm. Hierzu zählten u.a. die Wiedereinführung des Sichtvermerkzwangs für die Türkei und verschiedene afrikanische und asiatische Länder, das Verbot der Arbeitsaufnahme während der ersten zwölf Monate des Asylverfahrens, die Streichung des Kindergeldes für Asylbewerberinnen und -bewerber sowie die Gewährung von sozialen Hilfen in Form von Sachleistungen anstele von Geldzuwendungen.

Die Zahl der Asylbewerberinnen und -bewerber ging zunächst zurück, und zwar bis auf 19 700 im Jahr 1983. Bereits im darauffolgenden Jahr wurden jedoch wieder mehr Asylanträge gestellt, und 1986 erreichte die Antragszahl mit knapp 100 000 einen neuen Höchststand. Im September jenes Jahres erhielt die Bundesregierung in Verhandlungen mit der ehemaligen DDR die Zusage, daß die Weiterreise von ausländischen Staatsangehörigen durch die ehemalige DDR und Berlin (Ost) in das frühere Bundesgebiet vom 1.10.1986 an ohne die erforderlichen Sichtvermerke nicht mehr gestattet würde. Die Bundesregierung beschloß weitere asylrechtliche Maßnahmen. Diese und die von der ehemaligen DDR gegebene Zusage bewirkten 1987 eine Abnahme der Zahl der Asylbewerberinnen und -bewerber auf 57 400.

Die rückläufige Entwicklung setzte sich jedoch nicht fort. Die Zahl der Frauen und Männer, die um Asyl baten, stieg Jahr für Jahr und erreichte 1992 mit 438 000 Menschen ihren bisher höchsten Stand. Im Dezember 1992 vereinbarten CDU, CSU, SPD und F.D.P., eine Änderung des Grundgesetzes herbeizuführen, die die unberechtigte Berufung auf das Asylrecht verhindern und den Schutz der tatsächlich politisch Verfolgten gewährleisten sollte.

Infolge der im Juni 1993 wirksam gewordenen Änderung des Art. 16 GG und der im Juli 1993 in Kraft getretenen asylverfahrensrechtlichen Neuregelungen (u.a. Festlegung von „sicheren Drittstaaten") ging die Zahl der Asylanträge im gleichen Jahr auf 322 600 zurück; das waren etwa 115 600 oder 26 % weniger als 1992. Im Jahr 1994 hat sich der Rückgang verstärkt fortgesetzt. In den Monaten Januar bis September stellten durchschnittlich 10 300 Menschen je Monat einen Asylantrag gegenüber noch fast 31 000 im Durchschnitt des gleichen Vorjahreszeitraums. Im November und Dezember 1994 stieg die Zahl wieder auf rund 12 000 je Monat an.

Der Anteil der durch Entscheidung des Bundesamtes für die Anerkennung ausländischer Flüchtlinge als asylberechtigt Anerkannten an allen Personen, über deren Asylantrag im Laufe eines Berichtsjahres entschieden wurde, war Anfang der 70er Jahre relativ hoch. Die Anerkennungsquote betrug beispielsweise 1972 knapp 40 %. Seit 1987 ging sie in immer stärkerem Maße zurück. Im Jahr 1993 betrug die Anerkennungsquote 3,2 %, im Jahr 1994 dann 7,3 %.

Tab. 12.1: Asylanträge und Asylberechtigte 1972 bis 1993*)

Jahr	Asylanträge	Asylberechtigte	Anerkennungsquote
	Anzahl		%
1972	5 289	2 844	39,8
1973	5 595	2 047	33,0
1974	9 424	4 133	32,4
1975	9 627	2 928	22,2
1976	11 123	2 654	18,4
1977	16 410	1 854	10,0
1978	33 136	2 307	10,3
1979	51 493	6 573	16,5
1980	107 818	12 783	12,0
1981	49 391	8 531	7,7
1982	37 423	6 209	6,8
1983	19 737	5 032	13,7
1984	35 278	6 566	26,6
1985	73 832	11 224	29,2
1986	99 650	8 853	15,9
1987	57 379	8 231	9,4
1988	103 076	7 621	8,6
1989	121 318	5 991	5,0
1990	193 063	8 518	4,4
1991	256 112	11 597	6,9
1992	438 191	9 189	4,3
1993	322 599	16 396	3,2

*) 1972 bis 1990: früheres Bundesgebiet; ab 1991 Deutschland.

12.2 Herkunftsländer

Bis einschließlich 1982 stammten die meisten der jährlich eingereisten Asylbewerberinnen und Asylbewerber aus europäischen Staaten. 1980 beispielsweise waren das 61 %. Etwa 54 % der Frauen und Männer, die in jenem Jahr einen Asylantrag stellten, besaßen die türkische Staatsangehörigkeit. Im Zeitraum 1983/86 überwog dann der Anteil von Asylsuchenden aus Asien. So stammten beispielsweise von den Antragstellerinnen und Antragstellern des Jahres 1985 etwa 24 % aus Sri Lanka und 12 % aus dem Iran. Der Anteil der Flüchtlinge aus der Türkei betrug im gleichen Jahr 10 %.

Seit 1987 kommen die weitaus meisten Asylbewerberinnen und Asylbewerber wieder aus europäischen Ländern. Ihr Anteil an allen Anträgen betrug beispielsweise 1993 etwa 72 %. Zurückzuführen ist das vor allem auf die starke Zunahme der Zahl der Frauen und Männer aus dem ehemaligen Jugoslawien, die einen Asylantrag stellten. Seit dem Beginn des Bürgerkriegs und dem Zerfall des jugoslawischen Staates kommt der größte Teil der Antragstellerinnen und Antragsteller aus diesem Gebiet.

Tab. 12.2: Asylsuchende nach ausgewählten Staatsangehörigkeiten

12.2.1 Früheres Bundesgebiet

Staatsangehörigkeit	1980		1985		1990	
	Anzahl	%	Anzahl	%	Anzahl	%
Europa	65 809	61,0	18 174	24,6	101 631	52,6
darunter:						
Jugoslawien[1]	.	.	.	.	22 114	11,5
Polen	2 090	1,9	6 672	9,0	9 155	4,7
Rumänien	777	0,7	887	1,2	35 345	18,3
Ehem. Tschechoslowakei	2 385	2,2	1 411	1,9	781	0,4
Türkei	57 913	53,7	7 528	10,2	22 082	11,4
Ungarn	1 466	1,4	736	1,0	439	0,2
Afrika	8 339	7,7	8 093	11,0	24 210	12,5
darunter:						
Äthiopien	3 614	3,4	2 625	3,6	2 068	1,1
Ghana	2 768	2,6	3 994	5,4	3 786	2,0
Nigeria	.	.	158	0,2	5 399	2,8
Amerika und Australien	217	0,2	97	0,1	402	0,2
Asien	31 998	29,7	44 298	60,0	60 900	31,5
darunter:						
Afghanistan	5 466	5,1	2 632	3,6	7 348	3,8
Indien	6 693	6,2	4 471	6,1	5 612	2,9
Iran	749	0,7	8 840	12,0	7 271	3,8
Libanon	1 457	1,4	4 576	6,2	16 229	8,4
Pakistan	6 824	6,3	3 240	4,4	3 983	2,1
Sri Lanka	2 673	2,5	17 380	23,5	4 361	2,3
Staatenlose u.a.	1 455	1,3	3 170	4,3	5 920	3,1
Insgesamt	**107 818**	*100*	**73 832**	*100*	**193 063**	*100*

1) Einschl. Kroatien, Slowenien und Bosnien-Herzegowina sowie der ehem. jugoslawischen Republik Mazedonien, die seit 1992 bzw. 1993 selbständige Staaten sind.

Im Zeitraum 1985/92 stieg ferner die Zahl der Asylsuchenden aus Rumänien an. 1985 hatten knapp 900 Rumäninnen und Rumänen einen Asylantrag im früheren Bundesgebiet gestellt; 1992 waren es hingegen knapp 104 000 in Deutschland, was einem Anteil von 24 % an den Anträgen insgesamt entsprach.

Der Rückgang der Zahl der Asylbewerberinnen und Asylbewerber 1993 gegenüber 1992 beruht zum größten Teil auf einer Abnahme der Zahl der Antragstellenden aus dem als sicherer Herkunftsstaat angesehenen Rumänien (- 30 000), aus dem ehemaligen Jugoslawien (- 27 000), aus Nigeria (- 9 400), der Türkei (- 9 200) und aus Ghana, das ebenfalls zu den sicheren Herkunftsstaaten gezählt wird (- 5 000).

Im Blickpunkt: Ausländische Bevölkerung in Deutschland

Tab. 12.2: Asylsuchende nach ausgewählten Staatsangehörigkeiten
12.2.2 Deutschland

Staatsangehörigkeit	1991		1992		1993	
	Anzahl	%	Anzahl	%	Anzahl	%
Europa	166 662	61,0	310 529	70,9	232 678	72,1
darunter:						
Jugoslawien[1]	74 854	29,2	122 666	28,0	95 625	29,6
Polen	3 448	1,3	4 212	1,0	1 670	0,5
Rumänien	40 504	15,8	103 787	23,7	73 717	22,9
Ehem. Tschechoslowakei	1 546	0,6	2 682	0,6	67	0,0
Tschechische Republik	–	–	–	–	259	0,1
Slowakei	–	–	–	–	1 379	0,4
Türkei	23 877	9,3	28 327	6,5	19 104	5,9
Ungarn	396	0,2	1 028	0,2	209	0,1
Afrika	36 094	14,1	67 408	15,4	37 570	11,6
darunter:						
Äthiopien	3 096	1,2	1 592	0,4	688	0,2
Ghana	4 541	1,8	6 994	1,6	1 973	0,6
Nigeria	8 358	3,3	10 486	2,4	1 083	0,3
Amerika und Australien	293	0,1	356	0,1	287	0,1
Asien	50 612	19,8	56 480	12,9	50 209	15,6
darunter:						
Afghanistan	7 337	2,9	6 351	1,4	5 506	1,7
Indien	5 523	2,2	5 798	1,3	3 807	1,2
Iran	8 643	3,4	3 834	0,9	2 664	0,8
Libanon	4 887	1,9	5 622	1,3	2 449	0,8
Pakistan	4 364	1,7	5 215	1,2	2 753	0,9
Sri Lanka	5 623	2,2	5 303	1,2	3 280	1,0
Staatenlose u.a.	2 451	1,0	3 418	0,8	1 855	0,6
Insgesamt	256 112	100	438 191	100	322 599	100

1) Einschl. Kroatien, Slowenien und Bosnien-Herzegowina sowie der ehem. jugoslawischen Republik Mazedonien, die seit 1992 bzw. 1993 selbständige Staaten sind.

13 Definitionen

Die ausländische Bevölkerung in Zahlen

Ausländische Bevölkerung:

Alle Personen, die nicht Deutsche im Sinne des Art. 116 Abs. 1 des Grundgesetzes sind. Dazu zählen auch die Staatenlosen und die Personen mit ungeklärter Staatsangehörigkeit. Deutsche, die zugleich eine fremde Staatsangehörigkeit besitzen, gehören nicht zur ausländischen Bevölkerung. Die Mitglieder der Stationierungsstreitkräfte sowie der ausländischen diplomatischen und konsularischen Vertretungen unterliegen mit ihren Familienangehörigen nicht den Bestimmungen des Ausländergesetzes und werden somit auch statistisch nicht erfaßt.

Eheschließungen, Geburten, Sterbefälle

Eheschließungen:

Standesamtliche Trauungen von deutschen und/oder ausländischen Partnern, mit Ausnahme der Fälle, in denen beide Ehegatten zu den im Bundesgebiet stationierten ausländischen Streitkräften bzw. zu den ausländischen diplomatischen und konsularischen Vertretungen und ihren Familienangehörigen gehören.

Geborene (= Geburten):

Die Unterscheidung zwischen ehelich und nichtehelich Geborenen richtet sich nach den Vorschriften des Bürgerlichen Gesetzbuches. Als Totgeborene zählen seit dem 1.7.1979 nur Kinder, deren Geburtsgewicht mindestens 1 000 g beträgt (vorher mindestens 35 cm Körperlänge). Fehlgeburten (seit 1.7.1979 unter 1 000 g Geburtsgewicht, vorher weniger als 35 cm lang) werden standesamtlich nicht registriert und bleiben daher in der Geburtenstatistik außer Betracht. Ab 1.4.1994 ändert sich die Abgrenzung zwischen Totgeborenen und Fehlgeburten. Dann gilt als Grenze ein Geburtsgewicht von 500 g.

Bis zum 31.12.1974 erwarben die in Ehen zwischen einem Ausländer und einer Deutschen geborenen Kinder in der Regel die Staatsangehörigkeit des Vaters, nichtehelich geborene die der Mutter. Eheliche Kinder einer deutschen Mutter und eines ausländischen Vaters waren nur dann Deutsche, wenn sie sonst staatenlos gewesen wären. Alle anderen wurden auf den Weg der Einbürgerung verwiesen. Das am 1.1.1975 in Kraft getretene Gesetz zur Änderung des Reichs- und Staatsangehörigkeitsgesetzes (RuStAÄndG 1974) vom 20.12.1974 (BGBl. I S. 3714) bestimmt u.a., daß das eheliche Kind durch Geburt die deutsche Staatsangehörigkeit erwirbt, wenn ein Elternteil die deutsche Staatsangehörigkeit besitzt. Darüber hinaus konnten bis zum 31.12.1977 alle Kinder, die nach dem 31.3.1953, aber vor Inkrafttreten des neuen Gesetzes in Ehen zwischen einer Deutschen und einem Ausländer geboren wurden, durch einfach Erklärung die deutsche Staatsangehörigkeit erwerben. Ab dem 1.7.1993 erhalten nichtehelich geborene Kinder einer ausländischen Mutter und eines deutschen Vaters die deutsche Staatsangehörigkeit, sobald die Vaterschaft festgestellt ist.

Wanderungen

Die Wanderungsstatistik wertet die An- und Abmeldescheine aus, die nach den landesgesetzlichen Bestimmungen über das Meldewesen bei einem Wohnungswechsel auszufüllen sind. Sie erstreckt sich ab 1991 auf die Wanderungen über die Grenzen der Bundesrepublik Deutschland nach dem Gebietsstand seit dem 3.10.1990. Zur Erfassung der Wanderungen innerhalb Deutschlands werden im allgemeinen nur die Anmeldescheine herangezogen, weil Abmeldungen des öfteren versäumt werden. In die Außenwanderung sind auch Personen einbezogen, die die Absicht haben, im Ausland oder in Deutschland bzw. im früheren Bundesgebiet nur vorübergehend eine Wohnung zu nehmen. Das Melderecht sieht keine Abmeldungen in den Fällen vor, in denen die bisherige Wohnung neben einer neuen Wohnung beibehalten wird; es werden daher nur solche Fortzüge über die Grenzen Deutschlands bzw. des früheren Bundesgebietes gezählt, die mit einer Aufgabe der Wohnung in Deutschland bzw. im früheren Bundesgebiet verbunden sind.

Haushalte und Familien

Haushalt (Privathaushalt):

Zusammenwohnende und eine wirtschaftliche Einheit bildende Personengemeinschaft sowie Personen, die allein wohnen und wirtschaften. Zum Haushalt können verwandte und familienfremde Personen gehören. Anstalten gelten nicht als Haushalte, können aber Privathaushalte beherbergen. Haushalte mit mehreren Wohnungen werden u.U. mehrfach gezählt.

Familie:

Familien sind Ehepaare bzw. alleinerziehende Mütter oder Väter, die mit ihren ledigen Kindern zusammenleben (Zweigenerationenfamilie). In der Familienstatistik wird in Anlehnung an Empfehlungen der Vereinten Nationen von einem idealtypisch abgegrenzten Familienzyklus ausgegangen; das bedeutet, daß als Familie auch Ehepaare vor der Geburt eines Kindes gelten. Nach dieser Abgrenzung des Familienbegriffs können in einem Privathaushalt mehrere Familien leben.

Bezugsperson:

Um die Haushalte und Familien in der Statistik typisieren zu können, wird eine Bezugsperson angegeben. Das ist die Person, die sich im Erhebungsbogen als solche bezeichnet. Ihre Erhebungsmerkmale (z.B. Alter, Familienstand, Nettoeinkommen) werden dann in der Statistik nachgewiesen.

Kinder:

Ledige Personen, die mit ihren Eltern oder einem Elternteil in einem Haushalt zusammenleben. Eine Altersbegrenzung für die Zählung als Kind besteht nicht.

Wohnverhältnisse

Eigentümer/Eigentümerinnen:

Personen, denen das Eigentum an dem Gebäude oder der Wohnung rechtlich zusteht, oder die die Eintragung im Grundbuch schon beantragt haben.

Gebäude:

Gebäude sind für längere Dauer errichtete Bauwerke und enthalten Wohn-, Aufenthaltsräume und/oder Räume für Arbeitsstätten und andere Nutzungen. Als ein (einzelnes) Gebäude gilt jedes freistehende Gebäude oder bei zusammenhängender Bebauung – z.B. Doppel-, Gruppen- und Reihenhäuser – jedes Gebäude, das durch eine vom Dach bis zum Keller reichende Brandmauer von anderen Gebäuden getrennt ist. Unter dem Begriff „Gebäude" werden in den Tabellen alle Wohngebäude und alle sonstigen Gebäude mit Wohnraum nachgewiesen. „Unterkünfte" gelten nicht als Gebäude.

Gebäude/Unterkünfte mit vollständiger Wohnheimnutzung:

Sie dienen den Wohnbedürfnissen bestimmter Bevölkerungskreise, z.B. Studentenwohnheim, Altenwohnheim, Schwesternwohnheim. Die Bewohnerinnen und Bewohner dieser Einrichtungen führen i.d.R. einen eigenen Haushalt, d.h. der für Anstalten typische Gesichtspunkt der Betreuung tritt bei ihnen in den Hintergrund. Gemeinschaftseinrichtungen (Gemeinschaftsverpflegung, Gemeinschaftsräume) können vorhanden sein.

Hauptmieter/Hauptmieterin:

Als Hauptmieter/-in gilt, wer das Recht zur Wohnungsnutzung durch Mietvertrag mit dem Eigentümer des Gebäudes bzw. der Wohnung erworben hat. Hierbei ist es gleichgültig, ob für die Wohnung tatsächlich Miete gezahlt wird oder nicht.

Haushalte:

Bei Personen im Haushaltszusammenhang, die in gebäude- oder wohnungsstatistischen Tabellen nachgewiesen werden, handelt es sich stets um die wohnberechtigte Bevölkerung. Dazu zählen diejenigen Personen, die im betreffenden Gebiet wohnen, unabhängig davon, ob es sich um eine Haupt- oder Nebenwohnung handelt (Mehrfachzählung).

Räume:

Als Räume einer Wohneinheit bzw. Wohnung zählen Wohn- und Schlafräume mit 6 und mehr m^2 Wohnfläche sowie alle Küchen (diese ohne Rücksicht auf die Größe) und gewerblich genutzte Räume (zweckentfremdete Wohnräume) mit 6 und mehr m^2 Fläche. Dabei spielt es keine Rolle, ob die Räume vom Inhaber bzw. von der Inhaberin der Wohneinheit bzw. Wohnung selbst bewohnt oder z.T. untervermietet sind. Im Unterschied dazu sind beim Nachweis der selbstbewohnten Räume die untervermieteten und die gewerblich genutzten Räume nicht enthalten.

Sonstige Wohneinheiten:

Hierzu zählen alle Wohneinheiten in Unterkünften sowie Wohneinheiten in Gebäuden, die nicht mit Küche oder Kochnische ausgestattet sind.

Unterkünfte:

Unterkünfte sind behelfsmäßige Bauten zur vorübergehenden Nutzung. Hierzu zählen z.B. Behelfsheime, Baracken, Wohnwagen (z.B. auf Campingplätzen), Lauben (Gartenlauben, Schrebergartenhütten, Weinberghütten, Almhütten), festverankerte Wohnschiffe und Bauzüge.

Für Unterkünfte wurden nur dann Angaben erhoben, wenn sie zum Zeitpunkt der Zählung bewohnt waren. Wohnwagen und Lauben wurden nur dann als bewohnte

Unterkünfte erfaßt, wenn die Personen, die sie bewohnten, keine andere Wohnung oder sonstige Wohneinheit hatten.

Untermieter:

Als Untermieter gelten Haushalte (auch Einzelpersonen) in einer Wohneinheit, denen Teile einer Wohneinheit von dem Inhaber bzw. von der Inhaberin (Eigentümer/-in, Hauptmieter/-in) überlassen worden sind, gleichgültig ob mit oder ohne Mietzahlung. Hat der Inhaber die Wohneinheit an mehrere Haushalte vermietet, ohne sie selbst zu bewohnen, gilt die Wohnung als total untervermietet.

Wohneinheiten:

Nach außen abgeschlossene, zu Wohnzwecken bestimmte, in der Regel zusammen-liegende Räume in Wohngebäuden, sonstigen Gebäuden mit Wohnraum oder Unter-künften, die die Führung eines eigenen Haushalts ermöglichen. Hierbei ist es gleich-gültig, ob in der Wohneinheit ein Haushalt oder mehrere Haushalte untergebracht sind oder ob die Wohneinheit leersteht bzw. eine Freizeitwohneinheit ist. Mehrere Wohnein-heiten in einem Gebäude, die von nur einem Haushalt genutzt werden, gelten als eine Wohneinheit. Bei den Wohneinheiten wird unterschieden zwischen Wohnungen und sonstigen Wohneinheiten.

Wohnfläche:

Die Gesamtwohnfläche der Wohnung setzt sich zusammen aus der Fläche aller Wohn- und Schlafräume, auch außerhalb des Wohnungsabschlusses (z.B. Mansarden), der Küche, des Badezimmers, der Toilette, Besen-, Speise- und Abstellkammer, Veranda, des Flurs, Balkons und der gewerblich genutzten Wohnräume. Unter einer Schräge liegende Flächen wurden nur halb gerechnet, Balkone nur zu einem Viertel. Keller- und Bodenräume (Speicher), soweit sie nicht zu Wohnzwecken ausgebaut sind, waren nicht zu berücksichtigen.

Wohnungen:

Als Wohnungen gelten Wohneinheiten in Gebäuden nur dann, wenn sie mit Küche bzw. Kochnische ausgestattet sind. Wohneinheiten in Unterkünften gelten dagegen grund-sätzlich nicht als Wohnungen, sondern als sonstige Wohneinheiten.

Ausbildung

Vorklassen:

Vorklassen an Grund- und Sonderschulen werden freiwillig von Kindern besucht, die schulfähig, aber noch nicht schulpflichtig sind.

Schulkindergärten:

Sie sind überwiegend den Grund- und Sonderschulen angegliedert, werden i.d.R. von schulpflichtigen, aber noch nicht schulreifen Kindern besucht und bereiten auf den Eintritt in diese Schulen vor.

Grundschulen:

Sie werden von allen Kindern besucht und umfassen die ersten vier Schuljahre (Klassen 1 bis 4).

Orientierungsstufen:

In ihnen sind die Klassen 5 und 6 zusammengefaßt. Sie sind entweder den weiterführenden Schulen zugeordnet (schulartabhängige Orientierungsstufe) oder werden von ihnen getrennt geführt (schulartunabhängige Orientierungsstufe) und dienen der Förderung und Orientierung der Schülerinnen und Schüler im Hinblick auf die weitere Schullaufbahn.

Hauptschulen:

Sie sind weiterführende Schulen, die fünf bis sechs Schuljahre (Klassen 5 bis 9 bzw. 10) oder drei bis vier Schuljahre nach Besuch einer zweijährigen Orientierungsstufe (Klassen 7 bis 9 bzw. 10) umfassen und eine allgemeine Bildung als Grundlage für eine praktische Berufsausbildung umfassen. Zu den Hauptschulklassen zählen auch der Hauptschulzweig an Sekundarschulen sowie die Hauptschulklassen an Mittel- und Regelschulen, die die Voraussetzungen für eine qualifizierte berufliche Bildung vermitteln.

Sonderschulen:

Einrichtungen mit Vollzeitschulpflicht zur Förderung und Betreuung körperlich, geistig oder seelisch benachteiligter oder sozial gefährdeter Kinder, die nicht oder nicht mit ausreichendem Erfolg in anderen Schulen unterrichtet werden können.

Integrierte Klassen für Haupt- und Realschüler:

Einrichtungen, die eine allgemeine und berufsvorbereitende Bildung vermitteln sowie die Voraussetzungen schaffen für eine qualifizierte berufliche Tätigkeit. Eine Trennung nach Haupt- und Realschulzweigen gibt es hier nicht. Nach erfolgreichem Besuch der Klasse 9 wird der Hauptschulabschluß (Berufsreife) und nach der Klasse 10 der Realschulabschluß (Mittlere Reife) erworben.

Realschulen:

Weiterführende Schulen (Klassen 5 bzw. 7 bis 10), die im Anschluß an die Grundschule oder die Orientierungsstufe besucht werden. Das Abschlußzeugnis der Realschule berechtigt zum Besuch der Fachoberschule, des Fachgymnasiums oder zum Übergang auf ein Gymnasium in Aufbauform. Zu den Realschulen zählen auch der Realschulzweig an Sekundarschulen sowie die Realschulklassen an Mittel- und Regelschulen.

Gymnasien:

Weiterführende Schulen, die üblicherweise unmittelbar an die Grundschule oder die Orientierungsstufe anschließen. Die Schulbesuchsdauer beträgt im Regelfall neun (Klassen 5 bis 13) bzw. sieben Jahre (Klassen 7 bis 13). Es gibt außerdem Gymnasien in Aufbauform, deren Besuch im allgemeinen den Realschulabschluß voraussetzt. Das Abschlußzeugnis des Gymnasiums gilt als Befähigungsnachweis zum Studium an Hochschulen.

Integrierte Gesamtschulen:

Schulen, in denen die Schülerinnen und Schüler ohne Zuordnung zu einer bestimmten Schulart gemeinsam unterrichtet werden. Der Unterricht wird im Rahmen unterschiedlicher Differenzierungsmodelle erteilt. Es können die verschiedenen Abschlüsse der

Schulen des angegliederten Schulwesens (Hauptschule, Realschule, Gymnasium) erworben werden. Die Angaben für die additiven und kooperativen Gesamtschulen, bei denen die verschiedenen Schularten fortbestehen, aber in einer gemeinsamen Schulanlage zusammengefaßt sind, werden – soweit möglich – den Zahlen für die jeweiligen Schularten zugeordnet.

Freie Waldorfschulen:

Schulen, in denen unterschiedliche Bildungsgänge auf der Grundlage der Pädagogik Rudolf Steiners zusammengefaßt sind.

Abendhauptschulen:

Sie bereiten Erwachsene in einem einjährigen Bildungsgang (zwei Semester) auf den Erwerb des Hauptschulabschlusses vor.

Abendrealschulen:

Sie führen Erwachsene in Abendkursen (vier Semester) zum Realschulabschluß.

Abendgymnasien:

Sie ermöglichen Erwachsenen meist innerhalb von drei Jahren den Erwerb der Hochschulreife. Voraussetzung ist der Nachweis einer abgeschlossenen Berufsausbildung bzw. einer mindestens dreijährigen geregelten Berufstätigkeit, ein Mindestalter von 19 Jahren und normalerweise vor Eintritt in den Hauptkurs die Absolvierung eines einsemestrigen Vorkurses. Die Teilnehmerinnen und Teilnehmer müssen während der Zeit des Besuchs des Abendgymnasiums – mit Ausnahme der letzten drei Semester – berufstätig sein.

Kollegs:

Vollzeitschulen zur Erlangung der Hochschulreife. Die Aufnahmebedingungen sind die gleichen wie bei den Abendgymnasien. Die Kollegiatinnen und Kollegiaten dürfen jedoch keine berufliche Tätigkeit ausüben.

Berufsschulen:

Sie haben die Aufgabe, die Allgemeinbildung der Schülerinnen und Schüler zu vertiefen und die für den Beruf erforderliche fachtheoretische Grundausbildung zu übermitteln. Sie werden i.d.R. pflichtmäßig nach Erfüllung der neun- bzw. zehnjährigen Vollzeitschulpflicht von denjenigen besucht, die in der beruflichen Erstausbildung mit Ausbildungsvertrag oder in einem anderen Arbeitsverhältnis stehen und das 18. Lebensjahr noch nicht vollendet haben. Der Unterricht erfolgt in Teilzeitform an einem oder mehreren Wochentagen oder in zusammenhängenden Teilabschnitten (Blockunterricht). Den Berufsschulen werden auch die Berufssonderschulen zugeordnet, die der beruflichen Förderung körperlich, geistig oder seelisch benachteiligter oder sozial gefährdeter Jugendlicher dienen.

Berufsvorbereitungsjahr (BVJ):

Es bereitet Jugendliche ohne Ausbildungsvertrag durch Vollzeitunterricht auf eine berufliche Tätigkeit vor.

Berufsgrundbildungsjahr (BGJ):

Es vermittelt durch Voll- oder Teilzeitunterricht neben einer allgemeinen eine auf ein Berufsfeld bezogene berufliche Grundbildung.

Berufsaufbauschulen:

Sie werden von Jugendlichen, die in einer Berufsausbildung oder Berufstätigkeit stehen oder gestanden haben, nach mindestens halbjährigem Besuch der Berufsschule – parallel zur Berufsschule – oder nach erfüllter Berufsschulpflicht besucht. Sie sind meist nach Fachrichtungen gegliedert; die Unterrichtsdauer beträgt bei Vollzeitschulen ein bis eineinhalb, bei Teilzeitschulen drei bis dreieinhalb Jahre. Der erfolgreiche Abschluß vermittelt die dem Realschulabschluß gleichgestellte Fachschulreife.

Berufsfachschulen:

Vollzeitschulen mit mindestens einjähriger Schulbesuchsdauer, die i.d.R. freiwillig nach Erfüllung der Vollzeitschulpflicht zur Berufsvorbereitung oder auch zur vollen Berufsausbildung ohne vorherige praktische Berufsausbildung besucht werden können. Die Ausbildung endet mit einer Abschlußprüfung. Bei zweijährigem Schulbesuch entspricht der Abschluß der Fachschulreife.

Fachoberschulen:

Sie bauen auf dem Realschulabschluß oder einem als gleichwertig anerkannten Abschluß auf. Der Schulbesuch dauert – abhängig von der beruflichen Vorbildung – bei Vollzeitunterricht mindestens ein Jahr, bei Teilzeitunterricht bis zu drei Jahren. Der erfolgreiche Abschluß gilt als Befähigungsnachweis zum Studium an Fachhochschulen.

Fachgymnasien:

Berufsbezogene Gymnasien, für deren Besuch der Realschulabschluß oder ein gleichwertiger Abschluß vorausgesetzt wird. Der Schulbesuch dauert drei Jahre (Klassen 11 bis 13). Der Abschluß des Fachgymnasiums gilt als Befähigungsnachweis für das Studium an Hochschulen.

Kollegschulen (in Nordrhein-Westfalen):

Sie bieten alle Abschlüsse an, die von den verschiedenen beruflichen Schulen und von der gymnasialen Oberstufe vergeben werden. Eine Besonderheit der Kollegschulen ist die Möglichkeit der Doppelqualifikation, d.h. des gleichzeitigen oder zeitlich versetzten Erwerbs eines allgemeinbildenden und eines berufsqualifizierenden Abschlusses in einem Bildungsgang.

Berufs- und Technische Hochschulen:

Vollzeitschulen, die auf dem Realschulabschluß oder einem als gleichwertig anerkannten Abschluß aufbauen. Wer sich bewirbt, muß eine abgeschlossene Berufsausbildung oder ausreichende Berufserfahrung nachweisen. Der Schulbesuch dauert mindestens zwei Jahre und schließt mit der fachgebundenen Hochschulreife ab. Durch eine Ergänzungsprüfung kann die allgemeine Hochschulreife erworben werden.

Fachschulen:

Sie werden freiwillig nach einer bereits erworbenen Berufsausbildung und praktischen Berufserfahrung, teilweise auch nach langjähriger praktischer Arbeitserfahrung oder mit dem Nachweis einer fachspezifischen Begabung besucht. Sie vermitteln eine weitergehende berufliche Fachausbildung (z.B. Meisterschulen, Technikerschulen). Die Dauer des Schulbesuchs liegt bei Vollzeitunterricht zwischen sechs Monaten und drei Jahren, bei Teilzeitunterricht beträgt sie im allgemeinen sechs bis acht Halbjahre.

Fach- und Berufsakademien:

Berufliche Bildungseinrichtungen, die mindestens den Realschulabschluß oder einen gleichwertigen Schulabschluß voraussetzen und in der Regel auf den Eintritt in eine gehobene Berufslaufbahn vorbereiten. Der Ausbildungsgang umfaßt bei Vollzeitunterricht mindestens zwei Jahre.

Schulen des Gesundheitswesens:

Schulen des Gesundheitswesens vermitteln die Ausbildung für nichtakademische Gesundheitsdienstberufe (z.B. Kranken- und Kinderkrankenschwestern und -pfleger, Hebammen und Entbindungspfleger, Masseurinnen und Masseure, Beschäftigungstherapeutinnen und -therapeuten).

Schulabgängerinnen und Schulabgänger:

Schulabgängerinnen und Schulabgänger **nach Beendigung der Vollzeitschulpflicht** sind Schülerinnen und Schüler der Hauptschulen, Sonderschulen, Realschulen, Gymnasien, integrierten Gesamtschulen und freien Waldorfschulen, die nach Beendigung der Vollzeitschulpflicht aus den allgemeinbildenden Schulen mit oder ohne Hauptschulabschluß entlassen werden, sowie Schulabgängerinnen und Schulabgänger aus Abendhauptschulen.

Schulabgängerinnen und Schulabgänger **mit Realschul- oder gleichwertigem Abschluß** sind Schülerinnen und Schüler mit dem Abschlußzeugnis einer Realschule, einer Realschulklasse an Hauptschulen oder einer Abendrealschule. Als gleichwertig gilt insbesondere das Versetzungszeugnis in den 11. Schuljahrgang, das Abgangszeugnis aus dem 11., 12. oder 13. Schuljahr (ohne Hochschulreife) eines Gymnasiums oder einer integrierten Gesamtschule sowie das Abschlußzeugnis einer Berufsaufbau- oder zweijährigen Berufsfachschule.

Schulabgängerinnen und Schulabgänger **mit allgemeiner oder fachgebundener Hochschulreife** sind insbesondere Schülerinnen und Schüler mit dem Abschlußzeugnis der Gymnasien, integrierten Gesamtschulen, Abendgymnasien und Kollegs sowie der Fachgymnasien. Schulabgängerinnen und Schulabgänger mit Fachhochschulreife besitzen überwiegend das Abschlußzeugnis der Fachoberschulen.

Auszubildende:

Auszubildende (früher: Lehrlinge) sind Personen, die aufgrund eines Ausbildungsvertrages nach dem Berufsbildungsgesetz eine betriebliche Berufsausbildung in einem anerkannten Ausbildungsberuf durchlaufen. Nicht als Auszubildende gelten Personen, deren berufliche Ausbildung ausschließlich an beruflichen Schulen erfolgt (z.B. an Berufsfachschulen) oder die in einem öffentlich-rechtlichen Dienstverhältnis ausgebildet werden (z.B. Beamtinnen und Beamte im Vorbereitungsdienst).

Hochschulen:

Als Hochschulen werden alle nach Landesrecht anerkannten Hochschulen, unabhängig von der Trägerschaft, ausgewiesen. Diese dienen der Pflege und der Entwicklung der Wissenschaften und der Künste durch Forschung, Lehre und Studium und bereiten auf berufliche Tätigkeiten vor, die die Auswertung wissenschaftlicher Erkenntnisse und Methoden oder die Fähigkeit zu künstlerischer Gestaltung erfordern. Das Studium an Universitäten, pädagogischen und theologischen Hochschulen sowie in den universitären Studiengängen der Gesamthochschulen setzt die allgemeine oder fachgebundene Hochschulreife voraus.

Universitäten:

Zu den Universitäten zählen die technischen Universitäten und andere gleichrangige wissenschaftliche Hochschulen (außer pädagogischen, theologischen und Gesamthochschulen).

Gesamthochschulen:

Sie umfassen Ausbildungsrichtungen von wissenschaftlichen Hochschulen und von Fachhochschulen, z.T. auch von Kunsthochschulen.

Pädagogische Hochschulen:

Wissenschaftliche Hochschulen, z.T. mit Promotionsrecht. Sie bestehen nur noch in einigen Ländern als selbständige Einrichtungen.

Theologische Hochschulen:

Kirchliche sowie staatliche philosophisch-theologische und theologische Hochschulen (ohne die theologischen Fakultäten/Fachbereiche an Universitäten).

Kunsthochschulen:

Hochschulen für bildende Künste, Gestaltung, Musik, Film und Fernsehen. Die Aufnahmebedingungen sind unterschiedlich; die Aufnahme kann aufgrund von Begabungsnachweisen oder Eignungsprüfungen erfolgen.

Fachhochschulen:

Fachhochschulen (ohne Verwaltungsfachhochschulen) bieten eine stärker anwendungsbezogene Ausbildung in Studiengängen für Ingenieure und für andere Berufe, vor allem in den Bereichen Wirtschaft, Sozialwesen, Gestaltung und Informatik. Das Studium ist in der Regel kürzer als das an wissenschaftlichen Hochschulen.

Verwaltungsfachhochschulen:

Verwaltungsinterne Fachhochschulen, an denen Nachwuchskräfte für den gehobenen nichttechnischen Dienst des Bundes und der Länder ausgebildet werden.

Studierende:

In einem Fachstudium immatrikulierte/eingeschriebene Personen, ohne Beurlaubte, Studienkollegiatinnen und -kollegiaten, Gast- und Nebenhörerinnen und -hörer.

Studienanfängerinnen und Studienanfänger:

Studierende im 1. Hochschulsemester (Erstimmatrikulierte, d.h. erstmals an einer Hochschule in Deutschland Immatrikulierte).

Erwerbstätigkeit

Beteiligung am Erwerbsleben (Erwerbskonzept):

In der Gliederung nach der Beteiligung am Erwerbsleben wird zwischen Erwerbspersonen und Nichterwerbspersonen unterschieden.

Erwerbspersonen:

Alle Personen mit Wohnsitz im Bundesgebiet (Inländerkonzept), die eine unmittelbar oder mittelbar auf Erwerb gerichtete Tätigkeit ausüben oder suchen (Selbständige, mithelfende Familienangehörige, Abhängige), unabhängig von der Bedeutung des Ertrages dieser Tätigkeit für ihren Lebensunterhalt und ohne Rücksicht auf die von ihnen tatsächlich geleistete oder vertragsmäßig zu leistende Arbeitszeit. Als Erwerbspersonen zählen die Erwerbstätigen und die Erwerbslosen.

Erwerbsquoten:

Sie bezeichnen den prozentualen Anteil der Erwerbspersonen an der jeweiligen Bevölkerungsgruppe.

Erwerbstätige:

Personen, die in einem Arbeitsverhältnis stehen (einschl. Soldaten und mithelfender Familienangehöriger) oder selbständig ein Gewerbe oder eine Landwirtschaft betreiben oder einen freien Beruf ausüben.

Erwerbslose:

Personen ohne Arbeitsverhältnis, die sich jedoch um eine Arbeitsstelle bemühen, unabhängig davon, ob sie beim Arbeitsamt als Arbeitslose gemeldet sind. Insofern ist der Begriff der Erwerbslosen umfassender als der Begriff der Arbeitslosen. Andererseits zählen Arbeitslose, die vorübergehend geringfügige Tätigkeiten ausüben, nach dem Erwerbskonzept (Volkszählung, Mikrozensus) nicht zu den Erwerbslosen, sondern zu den Erwerbstätigen.

Selbständige:

Personen, die einen Betrieb oder eine Arbeitsstätte gewerblicher oder landwirtschaftlicher Art wirtschaftlich und organisatorisch als Eigentümer/-in oder Pächter/-in leiten (einschl. selbständiger Handwerker/-innen) sowie alle freiberuflich Tätigen, Hausgewerbetreibenden und Zwischenmeister/-innen.

Mithelfende Familienangehörige:

Familienangehörige, die in einem landwirtschaftlichen oder nichtlandwirtschaftlichen Betrieb, der von einem Familienmitglied als Selbständigem geleitet wird, mithelfen, ohne hierfür Lohn oder Gehalt zu erhalten und ohne daß für sie Pflichtbeiträge zur gesetzlichen Rentenversicherung gezahlt werden.

Abhängige:

Beamtinnen und Beamte, Angestellte, Arbeiterinnen und Arbeiter sowie Auszubildende.

Nichterwerbspersonen:

Alle Personen, die keinerlei auf Erwerb gerichtete Tätigkeit ausüben oder suchen.

Arbeitslose:

Personen ohne Arbeitsverhältnis – abgesehen von einer geringfügigen Beschäftigung – die sich als Arbeitslose beim Arbeitsamt gemeldet haben, eine Beschäftigung von mindestens 18 und mehr Stunden für mehr als drei Monate suchen, für eine Arbeitsaufnahme sofort zur Verfügung stehen, nicht arbeitsunfähig erkrankt sind und das 65. Lebensjahr noch nicht vollendet haben.

Sozialversicherungspflichtig beschäftigte Arbeitnehmerinnen und Arbeitnehmer:

Arbeiter/-innen, Angestellte und Personen in beruflicher Ausbildung, die in der gesetzlichen Renten- und Krankenversicherung und/oder Arbeitslosenversicherung pflichtversichert sind oder für die Beiträge zur gesetzlichen Rentenversicherung gezahlt werden.

Sozialhilfe

Die Sozialhilfe wird nach dem Bundessozialhilfegesetz (BSHG) als Hilfe zum Lebensunterhalt oder als Hilfe in besonderen Lebenslagen an Personen, die sich in einer Notlage befinden, innerhalb und außerhalb von Einrichtungen gewährt. Sie greift immer dann ein, wenn andere Personen, andere Sozialleistungssysteme oder sonstige Stellen Leistungen nicht vorsehen oder keine zulänglichen Hilfen erbringen. Im Gegensatz zu den Leistungen anderer Sozialleistungsträger ist die Gewährung von Sozialhilfe nicht an die Zugehörigkeit zu einem bestimmten Personenkreis oder an Vorleistungen gebunden. Durch individuelle Leistungen nach dem Subsidiaritätsprinzip soll die Sozialhilfe ein der Würde des Menschen entsprechendes Leben ermöglichen und wieder zur Selbstversorgung befähigen. Die Hilfe zum Lebensunterhalt, die die notwendigen Bedürfnisse des täglichen Lebens abdeckt, wird weitgehend nach Leistungspauschalen (Regelsätzen) berechnet; spezielle Notstände werden durch Hilfen in besonderen Lebenslagen behoben (unter anderem Eingliederungshilfe für Behinderte, Hilfe zur Pflege, Krankenhilfe, Hilfe zum Aufbau oder zur Sicherung der Lebensgrundlage und Hilfe zur Überwindung besonderer sozialer Schwierigkeiten).

Schwerbehinderte

Personen, die nicht nur vorübergehend körperlich, geistig oder seelisch behindert sind und denen von den Versorgungsämtern ein Grad der Behinderung von 50 oder mehr zuerkannt worden ist. Bei mehreren Behinderungen wird der Grad der Behinderung unter Berücksichtigung der Auswirkung der Behinderung in ihrer Gesamtheit festgesetzt.

Straffälligkeit

Strafverfolgung:

Die Strafverfolgungsstatistik (bis 1953 „Kriminalstatistik") weist die Abgeurteilten (Angeklagten) und Verurteilten nach. Erwachsene (21 Jahre und älter) werden nach allgemeinem, Jugendliche (14 bis unter 18 Jahre) nach Jugendstrafrecht behandelt. Heranwachsende (18 bis unter 21 Jahre) nehmen bezüglich der Anwendung des Strafrechts eine Sonderstellung ein. Seit Inkrafttreten des Jugendgerichtsgesetzes 1953 kann bei ihnen allgemeines oder Jugendstrafrecht zur Anwendung kommen.

Abgeurteilte:

Diejenigen Personen, gegen die Strafbefehle erlassen wurden bzw. Strafverfahren nach Eröffnung des Hauptverfahrens durch Urteil oder Einstellungsbeschluß rechtskräftig abgeschlossen worden sind. Ihre Zahl setzt sich zusammen aus den Verurteilten und aus Personen, gegen die andere Entscheidungen getroffen wurden. Bei der Aburteilung von Straftaten, die in Tateinheit (§ 52 StGB) oder in Tatmehrheit (§ 53 StGB) begangen wurden, ist nur die Straftat statistisch erfaßt, die nach dem Gesetz mit der schwersten Strafe bedroht ist. Werden mehrere Straftaten derselben Person in verschiedenen Verfahren abgeurteilt, so wird der Angeklagte für jedes Strafverfahren gesondert gezählt.

Verurteilte:

Straffällige, gegen die nach allgemeinem Strafrecht Freiheitsstrafe, Strafarrest oder Geldstrafe verhängt worden ist, oder deren Straftat nach Jugendstrafrecht mit Jugendstrafe, Zuchtmittel oder Erziehungsmaßregeln geahndet wurde. Zuchtmittel und Erziehungsmaßregeln werden Maßnahmen genannt; sie können nebeneinander angeordnet werden. Verurteilt kann nur eine Person werden, die im Zeitpunkt der Tat strafmündig, das heißt 14 Jahre oder älter war (§ 19 StGB).

Einbürgerungen

Anspruchseinbürgerungen:

Hierbei handelt es sich größtenteils um die Einbürgerung von Personen, die Deutsche i.S. des Art. 116 Abs. 1 GG sind, ohne jedoch die deutsche Staatsangehörigkeit zu besitzen.

Ermessenseinbürgerungen:

Sie betreffen die Einbürgerung von Ausländerinnen und Ausländern nach § 8 des Reichs- und Staatsangehörigkeitsgesetzes (RuStAG) und die Einbürgerung ausländischer Ehegatten von Deutschen nach § 9 RuStAG.

Asylsuchende

Asylbewerber/-innen

Ausländerinnen und Ausländer, die Schutz als politisch Verfolgte nach Art. 16 Abs. 2 Satz 2 GG beantragt haben und über deren Antrag noch nicht rechtskräftig entschieden ist.

Quellenverzeichnis

und ausgewählte weiterführende Veröffentlichungen des Statistischen Bundesamtes

Fachserie 1 Bevölkerung und Erwerbstätigkeit, Reihe 1 „Gebiet und Bevölkerung"

Fachserie 1 Bevölkerung und Erwerbstätigkeit, Reihe 2 „Ausländer"

Fachserie 1 Bevölkerung und Erwerbstätigkeit, Reihe 3 „Haushalte und Familien"

Fachserie 1 Bevölkerung und Erwerbstätigkeit, Reihe 4 „Erwerbstätigkeit"

Fachserie 1 Bevölkerung und Erwerbstätigkeit, Reihe 4.1 „Struktur der Erwerbsbevölkerung"

Fachserie 8 Verkehr, Reihe 3 „Straßenpersonenverkehr"

Fachserie 10 Rechtspflege, Reihe 3 „Strafverfolgung"

Fachserie 11 Bildung und Kultur, Reihe 1 „Allgemeinbildende Schulen"

Fachserie 11 Bildung und Kultur, Reihe 2 „Berufliche Schulen"

Fachserie 11 Bildung und Kultur, Reihe 3 „Berufliche Bildung"

Fachserie 11 Bildung und Kultur, Reihe 4.1 „Studenten an Hochschulen"

Fachserie 11 Bildung und Kultur, Reihe 4.2 „Prüfungen an Hochschulen"

Fachserie 13 Sozialleistungen, Reihe 2 „Sozialhilfe"

Bildung im Zahlenspiegel

Eheschließungen, Ehescheidungen, Geburten und Sterbefälle von Ausländern, in: „Wirtschaft und Statistik" 11/1992

Ausländerfamilien 1988, in: „Wirtschaft und Statistik" 2/1990

Entwicklung der Ausländerzahl seit 1987, in: „Wirtschaft und Statistik" 9/1989

Im Blickpunkt: Familien heute (Wiesbaden 1995)

Im Blickpunkt: Ältere Menschen in der Europäischen Gemeinschaft (Wiesbaden 1994)

Fotos

Bavaria Bildagentur, Gauting bei München:
Titelseite.

Deutsche Presseagentur:
Seiten 25, 35, 53, 81, 99, 107, 111, 117, 121, 127.

Evangelischer Pressedienst:
Seiten 7, 47.

Werner Bachmeier, Vaterstetten:
Seite 61.